УНИКАЛЬНАЯ
БИОГРАФИЯ
женщины-эпохи

ЖИЗНЬ,
РАССКАЗАННАЯ
ЕЮ САМОЙ

ЯУЗА-ПРЕСС

МОСКВА

УДК 82-94
ББК 84(2Рос)
Ф 17

Оформление серии *С. Курбатова*

Фаина Раневская. Жизнь, рассказанная ею самой / М. :
Ф 17 Яуза-пресс, 2013. — 224 с. — (Уникальная биография женщины-эпохи).

ISBN 978-5-9955-0519-8

«Мой отец был бедный нефтепромышленник...» — считалось, что от мемуаров Фаины Раневской уцелела лишь эта анекдотическая фраза: все остальные записи она сожгла, вернув издательству аванс, а ее легендарные остроты и афоризмы известны в основном по пересказам. Но прав был булгаковский Воланд: рукописи не горят, и эта книга — уникальная возможность услышать живой голос великой актрисы, которая лишь наедине с собой могла сбросить привычную маску и говорить предельно откровенно, не на публику, «от первого лица»...

Знаете ли вы, что Фаина Георгиевна ненавидела эту «крылатую фразу» *«Муля, не нервируй меня!»*, сделавшую ее знаменитой, и уничижительно отзывалась о своих киноролях: «снова клоунесса, а не Васса Железнова!», боясь остаться в памяти зрителей всего лишь источником словесных «перлов» и анекдотов? Знаете ли вы, что, помимо звания народной артистки СССР, орденов Ленина и Трудового Красного Знамени, она получила еще и три Сталинские премии, хотя и отзывалась о наградах как о *похоронных принадлежностях*? Знаете ли вы, что под личиной «Мули», вечной пересмешницы и матершинницы, скрывалась творческая трагедия гениальной актрисы, так и не научившейся ценить свой комедийный дар?..

Эта книга — не мемуары, не собрание общеизвестных шуток и «хохм» — с этих страниц звучит голос совсем другой, настоящей, трагической Раневской, чьи едкие остроты всегда были **СМЕХОМ СКВОЗЬ СЛЕЗЫ.**

УДК 82-94
ББК 84(2Рос)

ISBN 978-5-9955-0519-8

ЗАЧЕМ ПИСАТЬ?

Первый вопрос: зачем писать?

Я уже пыталась, даже писала, потом все уничтожила. Глупо. Аванс пришлось вернуть.

Очень трудно говорить о себе, даже в воспоминаниях. Плохо не хочется, хорошо стыдно. Пусть уж лучше другие.

Но недавно услышала, что вполне приличное по меркам порядочности общество весь вечер развлекалось, вспоминая мои «перлы», наперебой рассказывая разные анекдоты из моей жизни, восторгаясь острым языком и нелицеприятными выражениями. И стало вдруг страшно. Я старая, понастоящему старая, жизнь прожита, меня не будет, что останется, чем запомнят? Мулей? «Пионэры, идите в ж...пу»?

А ведь были десятки сыгранных и несыгранных ролей, дружба, работа и просто встречи с такими замечательными, гениальными людьми, были, наконец, тысячи умных мыслей и достойных желаний...

Я такая старая, что пережила не только тех, с кого должна бы брать пример, но и тех, кому должна его подавать.

Хотя брать хороший пример можно и нужно в любом возрасте и с людей любого возраста.

Очень не хочется остаться в памяти только злым языком, анекдотами и бытовым кретинизмом. Что есть, того не отменишь, но, кроме острого языка, есть еще не такие уж злые мысли, как с ними быть?

Задумалась и поняла, что если уж писать воспоминания, то не о том, как жила и с кем из великих и просто интересных людей встречалась, а что думала, чувствовала, что мне эти встречи дали. Почему моя судьба сложилась счастливо и столь несчастно одновременно, почему столько несыгранных ролей, почему всю жизнь одиночество?

Мне грешно жаловаться на недостаток признания и славы, но не то, все не то... Могла одно — сделала другое, ценила одни роли — награждали и любили за другие, по улице из-за узнавания и популярности шагу не ступить, а дома и слова за целый день можно не услышать... Только собачьи глаза моего Мальчика...

Почему?

У меня есть слова о том, что хватило ума глупо прожить свою жизнь. Глупо ли? А как надо умно?

Судьба дала мне главное, о чем я так просила, — сцену и талант играть на ней. В качестве оплаты забрала все остальное, оставив одинокой, никому не нужной старухой уже много-много лет назад.

Я больше не успела, чем успела, не сделала, чем сделала, а вот понять успела в жизни многое. Чужой опыт никогда никого не учил, не только дураки учатся на своих ошибках, умники тоже, но если мой опыт ничему не научит, то хотя бы наведет на умные мысли? Ошибки и глупые поступки тоже способны дать пищу к размышлению.

А если таковую дадут еще и мои мысли, то, пожалуй, хоть кто-то, пробежавший глазами мои записи, вспомнит, что у Раневской были не только «Муля» и «ж...па».

Если скажешь правильно, вовсе не значит, что тебя правильно поймут. Что лучше — не высказываться совсем или на каждом шагу объяснять, что именно ты хотел сказать?

ДЕТСТВО.
В СЕМЬЕ
БЕЗ СЕМЬИ

Татьяне Тэсс благодарные читатели чего только не присылали! Помимо подарков, часто нелепых, и писем мешками, были перлы собственного сочинения. Грешно смеяться, но один запомнился:

> Я родился в Москве.
> Родила меня мать...

Невольно родилось продолжение:

> ...Тетке некогда было в ту пору рожать...

Так вот, меня тоже родила мать, о занятости своих теток ничего сказать не могу, не знаю.

Но родила не в Москве, а в Таганроге. Замечательный город, к тому же быть землячкой Чехова почетно. Моей заслуги в том нет и вины тоже, родители постарались.

В попытке написать биографию я дальше фразы: «Мой отец был небогатым нефтепромышленником...» — далеко не ушла. Это правда, у Гирши Хаимовича Фельдмана имелись некие активы в недвижимости и нефтедобыче, фабри-

ка сухих красок, небольшой пароход «Святой Николай», большой дом и даже собственный дворник, что восхищало меня куда больше парохода. Пароход что... вот дворник — это да!

Кстати, «Святой Николай» даже имел некоторое отношение к большой, даже великой литературе — на нем путешествовал по Черному морю Лев Николаевич Толстой. На меня это не производило ни малейшего впечатления, куда колоритней какого-то Толстого казался дворник с его медалью за мужество.

Мечтала иметь такую же, совершив какой-нибудь героический поступок! Поступки не подворачивались, никто на моих глазах не тонул, не выпрыгивал из горящих домов, лошади не несли, опрокидывая повозки, в Таганроге не случалось ничего, за что пятилетняя девочка могла бы обрести заслуженную награду. А как хотелось...

Дворник был неистощимым кладезем запретных выражений и предметом для подражания, что не могло нравиться моим родителям.

Моя «жизнь в искусстве» началась года в четыре (раньше просто не помню). Дворник так колоритно ругался!.. А еще мне очень нравилось, как кричали продавец мороженого и нищенка, просившая милостыню. Я пыталась подражать: «цыкала» сквозь зубы, материлась, зазывала: «Сахарна морожена!..» — и просила копеечку «Христа ради».

Сначала родители смеялись, потому что шамкающая старуха в изображении четырехлетнего ребенка явно была уморительной, потом смех поутих. И все же первые годы мне не мешали, но только первые. Среди игрушек, что часто бывало в те времена, оказался набор для спектакля «Петрушка». Небольшая ширма, простые куклы стали моей отрадой

и моим домашним триумфом. Разыгрывать спектакль, а потом выходить из-за ширмы и степенно кланяться...

Очень трудно не стать такой, какой тебя хотят видеть, а если это видение еще и не совпадает с твоим внутренним миром, борьба становится смертельной.

Семья обеспеченная и, как полагалось старосте синагоги, весьма строгая. Отец казался деспотом, за любую провинность следовало наказание, иногда даже порка. За леность или нежелание подчиняться правилам особенно. Может, отсюда у меня это самое нежелание подчиняться правилам?

Отца боялась, а потому не любила. Мать, очень впечатлительную, даже несколько экзальтированную, обожала, к сожалению, безответно.

Нас в семье четверо детей — Белла, Яков, я и Лазарь. Мне было лет пять, когда Лазарь умер, это страшное горе я помню, хотя тогда едва ли сознавала, что произошло в действительности.

Белла, хорошенькая и общительная, была умницей и папиной надеждой. Яков наследником и тоже надеждой. Я не была никем. Некрасивая, заикающаяся, вечно погруженная в фантазии или кого-то передразнивающая, но главное, неспособная к обучению.

О... этот штамп на мне поставили в первый же год в гимназии. Я фантазировала, фантазии принимали за вранье, не была способна подолгу слушать нудные речи учительниц — считалось, что это лень. Дети смеялись над заиканием, в ответ я замыкалась — говорили, что бездарь, неспособная что-то запомнить.

Только и умела кривляться, все остальное недоступно. Некрасивая дурочка-кривляка, кто же будет любить такую дочь?

Меня не любили. У меня была семья, но ее не было. В жизни великих бывало, когда материнскую и отцовскую ласку и внимание заменяло внимание нянек или гувернанток, иногда это даже приводило к изумительным результатам. Не Надежда Осиповна, а Арина Родионовна рассказывала Пушкину сказки. У меня не было Арины Родионовны, бонн своих просто ненавидела, причем взаимно. Мечтала, чтобы, катаясь на коньках, бонна-немка упала и расшиблась насмерть. Но она каждый раз возвращалась даже без синяков.

Когда озвучивала фрекен Бокк через много десятилетий, вспоминала не столько саму немку, сколько свою ненависть к ней.

Когда ребенку не к кому прислониться, даже в семье нет плеча, в которое можно уткнуться, он вырастает либо преступником, либо исключительно замкнутой и одинокой личностью.

Замкнутой я быть не могла, актерство не предусматривает ни стеснительности, ни робости, а оно родилось вместе со мной. Оставалось одиночество.

Одиночество взрослого, прожившего жизнь, страшно, но объяснимо, оно может вытекать из этой самой жизни, быть следствием его собственных ошибок и эгоизма.

Одиночество ребенка в тысячу раз страшней одиночества взрослого человека. Дети не должны быть одиноки, иначе они никогда не будут счастливы в жизни.

Я не обвиняю родителей ни в чем, жили, как могли и считали правильным, но именно детское одиночество в се-

мье предопределило отсутствие семьи у меня потом. Вокруг меня много людей, но после смерти Павлы Леонтьевны Вульф, которая заменила мне мать во взрослой уже жизни, я осталась одна, совсем одна, а сейчас, когда пережила уже почти всех, кому интересна моя жизнь, моя внутренняя жизнь (рядом только Нина Сухоцкая), особенно одиноко. Одна в толпе — это еще тяжелей, чем смотрителем на маяке на далеком острове.

Я чувствовала, даже понимала, что меня не любят, удивительно, но воспринимала это как данность, не пыталась стать такой, какой требовалось, заискивать или добиваться любви. Просто знала, что не любят. Что лучше: быть странной, потому что не как все, или одинаковой со всеми?

Имя Фаина (по-еврейски Фейга, значит, «птица») мне дал отец. Надеялся, что я полечу. Полетела, да только не туда, куда он желал. Отец считал мою страсть к актерству и выступлениям блажью, если не дурью, и очень расстраивался из-за откровенных неуспехов в гимназии.

Это очень и очень трудно — ежедневно видеть, что ты не соответствуешь ожиданиям, особенно когда старшая сестра им соответствует в полной мере. Белла умница и красавица, Фаина — некрасивая бездарь (желание кривляться способностями не считалось, скорее наоборот — почти позором).

— Пожалейте человека, заберите из гимназии!

Гимназия была не просто повинностью, а самым ненавистным местом на земле. Училась плохо, потому что вычислять выгоду купцов, которые покупали товар по одной цене, а продавали по другой, казалось почти преступлени-

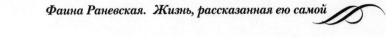

ем. Выгода меня не интересовала никогда, а в детстве особенно.

Читать, читать и читать! Запоем, все, что подворачивалось под руку, рыдать, если героев обижали, а потом получать выволочки или вообще розги за эти слезы. Я рано осознала, что впечатлительность наказуема, как и внешние проявления душевных переживаний. Замкнуться в себе? Но я предпочитала лучше терпеть порку или долгое стояние в углу, но снова и снова рыдать над судьбами героев.

К сожалению, книги дочитывались не всегда, вовсе не по моей вине, просто частью наказания «за дурь» было лишение той самой книги, что вызвала слезы. Позже я все это перечитала и снова поплакала.

Сейчас подумалось, что это даже помогло мне полюбить хорошую литературу. Человеку всегда хочется того, что нельзя, и ценит он больше запретное, особенно в детстве.

Удивительно, что моя впечатлительность и способность рыдать от одного слова не добавляли материнской любви, а ведь Милка Рафаиловна особа весьма экзальтированная, способная безутешно рыдать от известия о смерти Чехова. Сама такая, а во мне этого не терпела, вернее, старалась не замечать меня.

Для отца я была просто бездарной лентяйкой.

Из гимназии меня после моих рыданий забрали, зато пригласили домашних гувернанток для обучения. Что изменилось? Только дети перестали дразнить из-за заикания, поступки алчных купцов понятней не стали, арифметика категорически не давалась, как и география. Представить себе, как далеко находится Париж или Швейцария, куда мы каж-

дый год отправлялись летом, как выглядит на карте «итальянский сапожок», где так красиво, я была не в состоянии.

Почему нужно запоминать, как это выглядит на карте, я лучше покажу, как работает веслом гондольер или корчит рожицы мальчишка в Париже.

Заикание тоже никуда не делось, оно осталось со мной до конца жизни, хотя я научилась делать этот дефект незаметным.

Заикание бывает разным, иной человек не может «взять» первую согласную, особенно твердую. Тогда общение превращается в сущее мучение и для того, кто говорит, и для того, кто слушает. «П-п-п...» — и гадай, что хочет сказать, то ли «привет», то ли «пошел!».

У меня иное, я всегда «тормозила» на гласных, скажу не «п-п-п...», а «па-а-жалуйста». Это легче переносить и скрыть тоже. Заикание похоже на вздох или зевок не к месту, хотя тоже мешает.

У сестры были гимназические приятели, один из которых, на мой тогдашний взгляд, гениально читал стихи. Гениально для меня тогда означало, что от избытка чувств он завывал, размахивал руками и даже с криком рвал на себе волосы. Вот это искусство! Вот это страсти! Шекспиру не снилось такое исполнение, хотя юнец читал вовсе не «Отелло» или «Гамлета», а «Белое покрывало» Морица Гартмана.

Произведение хорошее, но к чему в нем было рвать волосы, топать ногами или биться головой о подлокотник кресла... уж и не знаю. Но это впечатляло, тем более такую экзальтированную дурочку, как я.

Оставалось только вздыхать, потому что за собственные завывания и крики я получала вместо аплодисментов выволочки.

Провинциальные города России начала двадцатого века — это особый культурный мир, он еще весь насквозь пропитан веком девятнадцатым. Многие города России имели великолепные театральные труппы, достойные лучших подмостков мира. У тихого, как его называл Чехов, пустого Таганрога был свой театрик, на спектаклях которого я проливала слезы.

А еще была любовь к музыке. В каждом приличном доме пианино, пусть расстроенное, на котором дети бренчали обязательный бравурный репертуар, но были и весьма серьезно музицирующие.

По выходным вчерашние серьезные деловые люди могли собраться, чтобы поиграть дуэтом или квартетом. Помню великолепный концерт Скрябина, именно он окунул мою душу в музыку. Настоящую музыку, где не нужно завывать или заламывать руки, чтобы выразить свои чувства.

А вот опера меня пугала. Ну как можно вонзать кому-то в грудь кинжал и петь при этом?! Это неправильно, это фальшиво...

Я не раз говорила, что мое детство закончилось в тот день, когда я увидела маму, рыдающую над сообщением о смерти Чехова, и под впечатлением этих слез прочитала наугад его «Скучную историю». Было мне лет девять. Откровенное горе мамы меня потрясло, я поняла, что в жизни

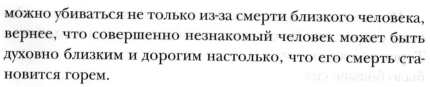

можно убиваться не только из-за смерти близкого человека, вернее, что совершенно незнакомый человек может быть духовно близким и дорогим настолько, что его смерть становится горем.

Детство закончилось, а было ли это детство?

Но если детство хоть какое-то — куцее, одинокое, но было, то юности не оказалось вовсе.

В двенадцать увидела «Ромео и Джульетту» в цвете! Потом поняла, что то ли пленка была вручную раскрашена, то ли в аппарат вставлен фильтр. Какая разница?! Красивый молодой человек объяснялся в любви красивой девушке, стоя под балконом. И все это без визга и вырванных волос. Оказалось, что чувства можно выражать красиво и не только за роялем, а вслух, произнося поэтические строки. И как выражать!..

Результатом потрясения была разбитая копилка и розданные соседским детям долгие накопления:

— Мне ничего не жалко, пусть берут все!

Какая между этим связь, я не знала сама. Наверное, душа так протестовала против наживы купцов в задачках по арифметике. Ненавистная арифметика была позорно попрана и поставлена на место, потому что оказалось, что святое искусство выше и дороже любой наживы!

Арифметика, конечно, выжила, ей наплевать на неумение Фаины Фельдман пользоваться четырьмя правилами. И купцы тоже без моих подсчетов прибыли обошлись. Но для меня отныне стало ясно: свято только искусство, а умение играть на сцене — самое лучшее из искусств.

Кем я после этого могла стать? Только актрисой!

Этого не понял дома никто.

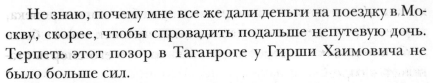

Не знаю, почему мне все же дали деньги на поездку в Москву, скорее, чтобы спровадить подальше непутевую дочь. Терпеть этот позор в Таганроге у Гирши Хаимовича не было больше сил.

Мне восемнадцать, гимназия так и не окончена, профессии никакой, только страстное желание стать актрисой. Лучшей, выдающейся. Хорошо бы великой.

Рыжеволосая дылда, загребающая ногами, сутулая, заикающаяся и падающая в обморок невесть с чего, должна была стать подарком для лучших театров Москвы.

Подарка не получилось. Мое заикание, способность падать в обмороки, излишняя экзальтированность, отсутствие внешних данных и образования при том, что в Москве и своих безработных актеров пруд пруди, закрыли мне двери всех театров. В лучшем случае на таганрогскую нахалку смотрели, как на предмет мебели, в худшем откровенно заявляли о моей профессиональной непригодности, даже не выслушав и коротенького монолога.

Сейчас я думаю, что если бы выслушали, было бы еще хуже, потому что при всем понимании, что такое хорошая литература и хорошая игра, я читала бы с интонациями знакомого гимназиста, то есть подвывала и рвала на себе волосы.

Волосы остались целы, всем хватало и внешнего вида.

Москва — город дорогой, деньги быстро таяли, а заработков в театре не было никаких. Кроме того, я старалась пересмотреть все спектакли, особенно с участием Качалова, которого просто обожала так же экзальтированно, как делала все остальное.

Тогдашний приезд в Москву, казалось, счастья не принес. Но и возвращаться домой было не на что. Узнав о моих

проблемах, отец велел матери выслать деньги на обратную дорогу. Тогда произошел красивый случай, который так любят пересказывать обо мне. Для всех нормальных людей это было бы признаком неспособности к нормальной жизни.

Получив деньги, я почему-то не спрятала их в сумочку, а так и вышла из здания, держа в руках. Сильный порыв ветра, я невольно хватаюсь за шляпку, которая грозит улететь, и выпускаю купюры из рук. Они летят, летят...

Домой я все же вернулась, жить в Москве было не на что. Но не сдалась и, к ужасу отца, принялась готовиться к новой атаке на театральную Москву. Вернее, о Москве речь не шла, зато в Таганроге я уже стала заметна. Чтобы успокоить отца, сдала экзамены за гимназию. Честное слово, это оказалось не так трудно. И отправилась снова учиться — в частную театральную школу Ягелло.

Отец терпел, видно надеясь, что я перебешусь и останусь просто театральной любительницей. Понятно, что замужество поставит крест на всех этих бреднях, а пока Гирши Хаимович был согласен терпеть дурацкие увлечения младшей дочери, но только до тех пор, пока они не выставляли его на всеобщее посмешище. Он был согласен содержать меня до замужества, однако кандидата в мужья намеревался определить сам.

К этому времени у меня состоялось одно из определяющих жизненный путь знакомств. В Евпатории я встретила Алису Коонен — одну из самых выдающихся актрис Москвы, супругу и соратницу Таирова. Красавица и умница, безумно талантливая Алиса отнеслась ко мне хорошо. Ниночка Сухоцкая, единственная, кто сейчас остался со мной рядом, — ее племянница, тогда бывшая совсем маленькой девочкой.

Театр и только театр!

Отец даже не ужаснулся, он окончательно разозлился. Этот разговор между нами был последним, он кричал, чтобы я посмотрела на себя в зеркало, актриса должна быть по крайней мере красивой! Чтобы его дочь кривлялась на сцене за деньги?! Никогда!

Смысл гневной речи сводился к тому, что либо я его дочь и спектакли возможны только любительские в дружеском кругу, либо...

Я выбрала второе.

В Москву уезжала в слезах, с небольшой суммой денег и обещанием матери в случае крайней нужды помочь.

Больше отца не видела, младшая дочь Фельдмана удалась упорством в него, мы перестали друг для друга существовать!

С матерью и семьей брата встретилась в Румынии через четыре десятка лет, в 1956-м. Сестра Изабелла, после смерти мужа одиноко жившая в Париже, приехать не смогла.

Когда в воздухе серьезно запахло революцией, отец понял, что это ничего хорошего ему не обещает, ликвидировал все, что смог, и воспользовался наличием собственного парохода. В революционной России осталась только непутевая младшая дочь Фаина, сделавшая свой выбор раз и навсегда.

Я осталась в России одна. Собственно, в семье я всегда одна и была...

К чему я так подробно? Хочется обратить внимание родителей: не мешайте детям выбирать. Ваш выбор может сломать им жизнь. Не у всякого достанет упорства пойти наперекор всему, чтобы заниматься тем, что ему по душе. Помогите своему ребенку, пусть попробует то, что ему хочется, даже если он мечтает стать ассенизатором. Вдруг он действительно станет лучшим ассенизатором в округе? Или даже в мире. Тогда он будет играть на скрипке не по принуждению, а по собственной воле и к вашему удовольствию, на радость, а не на муку соседей. Дворник, играющий Паганини в свободное время, куда лучше скрипача, берущего в руки смычок с отвращением просто потому, что его заставляют это делать.

Сестра Белла, позже переехавшая жить ко мне в Москву, однажды спросила, сделал ли меня счастливей мой выбор, если у меня нет семьи, я все равно одинока.

Да, сделал. Одинокой в семье Фельдманов я была бы все равно, а следовательно, и в той, которую для меня выбрали бы, тоже. Но я занимаюсь любимым делом, пусть не всегда удачно, пусть большая часть сил и таланта остались неизрасходованными, пусть не сыграла и сотой доли ролей, которые могла бы сыграть, но я старалась. Это моя жизнь, другой не представляю и не желаю.

Только в конце длинной жизни наконец понимаешь, как она, в сущности, коротка.

Часто слышу о том, что у меня отвратительный характер. Наверное. Беда в том, что характер — не шуба, его не сдашь в скупку, чтобы приобрести новый. К тому же вдруг опять подсунут какую-нибудь гадость?

Говорят, характер можно воспитать самой. Ну, хорошо, воспитаю я его, выращу на всяческих общечеловеческих идеалах, а старый-то куда девать? Выбросить жалко, все же свой... А если два характера внутри меня не уживутся и сцепятся меж собой? Ужас!

Когда кто-то намекает на мой тяжелый нрав, я только пожимаю плечами:

— Терпите. Я же его терплю, при том что вы с ним сталкиваетесь изредка, а я круглые сутки.

На днях в ответ на очередной вздох о моем характере объявила, что мне нужно дать «Мать-героиню».

— За что?!

— Я этот характер терплю много десятков лет! Не всякая мать вытерпит столько своего самого несносного ребенка.

Но вообще, мне редко рискуют говорить о тяжести нрава, именно его и боясь.

Есть один способ добиться, чтобы о тебе хоть один день говорили хорошо, — умереть. На поминках плохо не говорят ни о ком. Нет, лучше пусть ругают... Я потерплю.

Мне нельзя умирать. Я так привыкла жить, что совершенно не представляю, что буду делать после смерти.

ТЕАТРАЛЬНЫЕ УНИВЕРСИТЕТЫ

Зря я надеялась, что Москва за время моего двухлетнего отсутствия опомнится и примется искать, куда это девалась заикающаяся рыжая дылда.

Как не заметила Москва моего появления и отъезда, так не заметила и возвращения.

Я такая старая, что с высоты прожитых лет даже имею какое-то право давать советы. Понимаю, что ничей совет никому еще не помог: если совет не созвучен собственным мыслям человека, то его не воспримут, а если созвучен, то поступят согласно этим мыслям, увидев в совете поддержку.

Потому советую тем, кому такая поддержка нужна.

Если вы чувствуете, что дело, которым желаете заняться, действительно ваше, не обращайте внимания ни на что другое. Конечно, я не о преступлениях или каких-то пакостях, но о толковых делах.

Не слушайте даже профессионалов, то есть прислушивайтесь, пытаясь понять, почему они против, но решайте сами. Самый хороший профессионал может не заметить что-то глубинное.

У меня хватило настырности идти своим путем любой ценой. Цена оказалась высокой, но это смотря что с чем сравнивать. Если считать одиночество платой за счастье творить на сцене, то цена сопоставима, если оно плата за популярность, это слишком дорого.

Но тогда я была в самом начале пути и не боялась ничего.

Москве, вернее, московским антрепренерам я оказалась по-прежнему не нужна, работы не было, кроме разве выходов в массовке в цирке. Гроши, к тому же нерегулярные.

Актерскую школу оплачивать нечем, жилье, даже самое скромное, тоже, жить негде и не на что.

Я уже продала все, что только можно, но никакая самая жесткая экономия и даже голодовка не помогли, деньги все равно закончились. Совсем. И занять в Москве не у кого. Да и как брать в долг, если отдавать нечем?

Оставалось одно — пропадать. Меня ждала самая настоящая улица.

Пропадать я отправилась к Большому театру. Почему туда? Не знаю, ноги сами привели. Села на скамейке и разрыдалась. Это могло плохо закончиться, но закончилось очень хорошо.

Ко мне подошла сама Екатерина Васильевна Гельцер — прима-балерина Большого! То ли я рыдала вдохновенно, то ли сама Гельцер почувствовала мое одиночество, потому

что была такой же, но ночевала я уже не на улице, а у нее в квартире. И жила следующие месяцы там же.

У меня оказалось два таких ангела — Гельцер и Павла Леонтьевна Вульф.

Дорогие мои, если вы исчерпали все возможности, но не сдались, в самый последний момент обязательно придет помощь. Иногда это похоже на сказку, как наша встреча с Екатериной Васильевной Гельцер. Прима Большого вдруг взяла под крыло никчемную нищую девицу, с которой и знакома-то не была.

Из оказанной ею помощи крыша над головой и возможность хотя бы некоторое время не думать о пустом желудке была самой малостью. Гельцер познакомила меня с театральной, богемной Москвой. А еще она была мне идеально созвучна.

Екатерина Васильевна дама исключительно импульсивная, и если требовалось «отомстить» за преданную мужем сестру Любу, то Гельцер, не задумываясь, делала это — прилюдно влепила пощечину самому Москвину, директору МХАТа, между прочим. Правильно, бить так бить!

Говорила все, что думала, мало заботясь о последствиях лично для себя. Называла московский театральный бомонд бандой, а еще была страшно одинока. Найдя во мне родственную душу, Екатерина Васильевна с удовольствием эту душу отогрела, познакомив со всей тогдашней богемной Москвой.

Я пересмотрела, кажется, все спектакли тех лет во всех театрах, причем в каждом повторялось одно и то же: сунув голову в окошко к администратору, вдохновенно врала, что я провинциальная актриса, ни разу не бывавшая в таком хорошем театре, как этот, но денег на билет не имею. Лесть

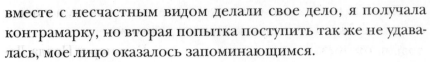

вместе с несчастным видом делали свое дело, я получала контрамарку, но вторая попытка поступить так же не удавалась, мое лицо оказалось запоминающимся.

Нельзя сказать, что я этим была слишком огорчена. Конечно, деньги сэкономить не удалось, зато появилась почти гордость: ага, мое лицо тоже запоминается! Администратор не отшатнулся, значит, это не рожа, оно не столь страшное.

Гельцер познакомила меня с Маяковским, с Мариной Цветаевой, много с кем. Она же нашла мне и первую московскую работу в театре. Вернее сказать, «подмосковную» — в Малаховке. Массовка, без слов, но это была московская сцена!

Добрые волшебницы не перевелись. Мы с Екатериной Васильевной Гельцер остались друзьями до конца ее дней. Как же она близка мне по духу! Ну кто еще мог позвонить посреди ночи, чтобы немедленно узнать, сколько лет было Евгению Онегину или что такое формализм?

Театр в Малаховке был летним, деревянным и работал только в сезон. Но Малаховка в те годы оказалась настоящей Меккой для московской богемы, а на сцене самого театра играли даже Садовникова, Коонен, Тарханов, Остужев, пели Шаляпин и Собинов, Вертинский, Нежданова...

Гельцер представила меня труппе как закадычную подругу из провинции! Закадычная подруга примы из Большого...

По-моему, это был один из последних театров, еще не вставших на рельсы коммерции. Платили очень мало, но какими деньгами можно окупить возможность быть на сцене рядом с великими, видеть их игру, видеть, как рождается образ на репетициях, даже просто пользоваться их советами.

Первый урок именно жизни в образе героя мне преподнес Илларион Николаевич Певцов. Не зря вспоминаю, молодые, учитесь!

В пьесе Леонида Андреева «Тот, кто получает пощечины» рядом с Певцовым у меня роль без слов, просто живая мебель. На вопрос, что же играть, Певцов спокойно ответил:

— Ничего, просто любите меня. Все, что будет происходить со мной, должно вас волновать, получать отклик в вашей душе и отражаться на лице.

Я любила, о, как я его любила! Вот тогда выявилась моя особенность: я не умею, не могу ни «включаться» в спектакль, ни «выключаться» из него. Спектакль, роль — это жизнь, пусть и на ограниченном участке сцены, разве можно начать жить или перестать просто так?

Я не умею и не понимаю тех, кто умеет.

Не завидую таким, хотя должна бы, наверное. Сейчас почему-то считается самым большим достижением способность потушить сигарету или прекратить обсуждение купленного вчера платья, вздохнуть и шагнуть на сцену в «Вишневом саде».

«Я изображу вам кого угодно, таково мое актерское мастерство!» — почему это хвастливое заявление считается нормальным? Почему способность «надеть» на себя роль, как пальто, и так же снять ее приравнивается к актерскому мастерству?

Не могу видеть актеров, травящих анекдоты или обсуждающих домашние дела во время антракта.

Актер не фокусник, чтобы доставать из кармана слезы, когда они нужны, и легко возвращать обратно. Чтобы слезы появились, они должны идти из глубины души, как

и улыбка, смех, любое чувство. Если этого нет, то остается игра, фальшивая, не трогающая душу.

К моему (и не только моему) великому сожалению, игры на сцене даже ведущих, прославленных театров становится все больше, а жизни все меньше. Не хотят тратить душевные силы, не хотят любить своего персонажа и до спектакля, и после него. Жалеют душу, а ведь зря, душа имеет свойство увеличиваться до вселенских размеров или уменьшаться, как шагреневая кожа, причем чем больше тратишь, отдаешь, тем больше остается, и наоборот.

Все об этом знают, но душа такая субстанция, которую можно скрыть за актерским мастерством, особенно во время сдачи спектакля худсовету. Члены худсоветов тоже не слишком любят тратить свои души или даже демонстрировать их, вполне достаточно демонстрации актерского мастерства. Вот и подменяется умение проживать роль умением показать актерское мастерство в какой-то роли.

А потом это входит в привычку и становится нормой. Показать актерское мастерство ныне важней, чем прожить роль на сцене.

Грустно и страшно за судьбу театра...

Певцов учил нас не подчиняться диктату вещей, не обзаводиться ими. Вот учитель! Я по сей день следую его наставлениям.

Он прав, вещи, кроме дорогих для памяти мелочей, — это груз из тех, в которых физический вес превращается в моральный. Я это хорошо знаю по Котельническому переулку, где были соседи, прожившие многие годы на зачехленных диванах и евшие на кухне из-за того, что роскошные столы накрыты скатертями до пола. Душа в чехлах...

Написала и подумала: а была душа-то? Может, один чехол и остался? Душа, она в чехле сжимается, скукоживается до фасолины, а если нараспашку, то охватывает весь мир.

Душа — приют Бога в теле человека. А душонка? Не может же Создатель ютиться в мелочной душонке. А если Бога нет, остаются только глисты... Не променяйте.

Одно плохо — вскоре из-за войны всем стало не до театров, даже таких, как наш Летний. Жизнь превратилась в выживание. Актрисе, да еще начинающей и без особых внешних данных, в Москве не выжить. Сидеть на шее у Гельцер невозможно, я согласилась на участие в антрепризе Лавровской в Керчи.

Потому об этом вспоминаю, что тогда впервые поклялась на сцену ни ногой.

Вы часто в чем-нибудь себе клянетесь? Не клянитесь, не ровен час придется выполнять клятву.

О, это была роль из тех, что я терпеть не могла не только для себя, но и вообще. Героиня из придурошных кокеток, стоя под небесами, то есть на самом верху декорации, изображавшей горы, клялась ухажеру в вечной любви. Почему ее нужно было помещать в орлиное гнездо где-то на вершине Казбека, уже не помню, но хорошо помню, как после самых прочувствованных строк, произнесенных невыразимо противным томным голосом, я почему-то обрушила на возлюбленного декорацию горы.

Зал дрогнул от хохота, несчастный любовник ругался из-под декораций, обещая оторвать мне голову, а я стояла наверху не в силах от страха двинуться с места. Спускаться с горы за декорациями — это одно, а видя перед собой наспех

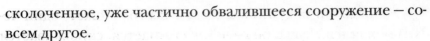

сколоченное, уже частично обвалившееся сооружение – совсем другое.

Дома я дала себе слово уйти со сцены.

Не сдержала.

Потом давала слово не приближаться к кино.

И тоже не сдержала.

Нас обманули, не заплатив ни гроша, это не редкость в те бурные времена. Оставшись в Керчи без денег и возможности вернуться в Москву, я, конечно, могла бы добраться до Таганрога, чтобы сдаться на милость родителей, но это даже не пришло в голову. В ход пошли личные вещи, которые покупали не слишком охотно и дорого, куда ценней были продукты.

Колесила по югу, подрабатывая чем угодно. В Ростове-на-Дону в 1918 году, работая в цирковой массовке, увидела на сцене театра «Дворянское гнездо» с Павлой Леонтьевной Вульф в роли Лизы Калитиной. Вообще-то я уже видела этот спектакль и именно с Вульф еще в Таганроге, была потрясена ее Лизой, но тогда еще мало что понимала. Теперь впечатление было гораздо более сильным и глубоким.

Это решило все. Какой цирк, когда в мире есть такие люди?!

Набралась необъяснимого нахальства и отправилась к Павле Леонтьевне со «скромной» просьбой – научить меня играть. Вот так просто.

Не представляю себя на ее месте. В стране хаос и разруха, театры выживали непонятно чем, и каждый лишний рот, каждый кусок хлеба был на счету. В это не просто неспокойное, а кошмарное время люди не жили, а выжива-

ли. Так всегда в беспокойные времена становится не до театра.

Но Павла Леонтьевна не смогла отказать, она согласилась посмотреть меня и предложила даже самой выбрать роль из спектакля, который давала их труппа, — «Роман» по пьесе Шелтона. Я выбрала роль итальянской певицы, в которую некогда был влюблен дед главного героя, — Маргариты Кавалини.

Я бывала в Европе, но в детстве, когда еще мало что понимаешь, а если и запоминаешь, то точно сказать, где происходило, невозможно. Требовалось начинать все сначала. Чтобы стать хоть чуть похожей на итальянку, я разыскала в городе итальянца, правда, из тех, что давным-давно забыл, что такое его родная страна, уговорила дать несколько уроков итальянского языка, показать характерные жесты, интонации, а также научить нескольким расхожим выражениям.

Итальянец обрадовался неожиданному приработку и без малейших сомнений содрал с меня все деньги, которые еще оставались. Было бы больше, взял больше.

Но я не пожалела, поголодав несколько дней, пока готовила роль, я только добавила себе «интересу» во внешность. Сколько потом еще приходилось голодать! Нет, мы не доходили до опухших ног или отечного лица, но желудок сводило не раз.

Попытка удалась, Павле Леонтьевне понравились мои старания, или она просто сделала вид, что это так, но Вульф приняла меня не просто в труппу, а в свою семью, стала настоящей матерью. Где мои родители, я к тому времени не представляла. Но теперь было не страшно, теперь у меня появилась семья.

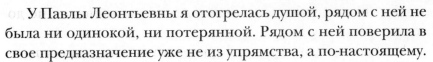

У Павлы Леонтьевны я отогрелась душой, рядом с ней не была ни одинокой, ни потерянной. Рядом с ней поверила в свое предназначение уже не из упрямства, а по-настоящему.

Вульф называли «Комиссаржевской провинции». У Павлы Леонтьевны интересная и очень богатая судьба, о ней стоит рассказать отдельно, и я обязательно это сделаю. Без Вульф я не стала бы никем вообще, она, как раньше Гельцер, спасла меня от улицы, причем на сей раз улицы охваченного революцией Ростова-на-Дону, что серьезней сытой предвоенной Москвы.

Но самое главное — она учила играть. Рядом с Павлой Леонтьевной я училась большому искусству, а не просто вразумительному передвижению по сцене, училась подчиняться роли, слушать роль, понимать ее душой.

Конечно, все это было очень трудно осуществить в послереволюционном театре, когда ради привлечения зрителей приходилось играть по две премьеры в неделю. О каком проникновении в роль можно было говорить, если и текст не успевали выучить, играя по суфлерским подсказкам.

Доходило до смешного, когда актер улавливал ухом не свои слова, а суфлеру приходилось едва ли не подсказывать, кто кого должен душить — Отелло Дездемону или наоборот. Но я радовалась возможности играть, учиться, осваивать новые и новые роли. Это действительно была игра, я не люблю это слово, но вынуждена им пользоваться.

Я играла Шарлотту в «Вишневом саде». Никто, мне кажется, даже Павла Леонтьевна, не понял, что такого я нашла в этой роли. Гувернантка она никудышная, такую бы гнать и гнать, Шарлотта не нужна, а потому страшно одинока. Никому не нужная, никого не способная чему-то на-

учить, нескладная дылда... Это было так обо мне, что и играть-то нечего.

Семья уехала из Таганрога, когда отец понял, что за первым арестом и огромным выкупом последуют еще и ему от новой власти подарков ждать не стоит, разве что полного разорения и расстрела.

Я даже не знаю, искали ли они меня, скорее всего, нет, потому что найти человека в бурлящем восемнадцатом на просторах юга России было невозможно. Власть в городах и селах менялась едва ли не дважды в день. В Таганроге нет, это и спасло Фельдманов от истребления. Они уплыли на пароходе в Румынию, в Констанцу.

Через сорок лет я сумела встретиться с мамой и Яковом с его семьей, Белла приехать из Парижа не смогла, а отца уже не было на свете. Что было бы, отправься я с ними?

А ничего. Поневоле вышла бы замуж, родила детей и знать не знала о театре. И погибла бы без него.

Вот такой невеселый выбор — либо семья без театра, либо театр без семьи.

Я не выбирала, выбор — это вообще бесполезно, что бы человек ни выбрал, потом будет казаться, что тот, другой вариант был бы лучше. Мне так не казалось никогда, я действительно не выбирала. К сожалению, моя семья так и не поняла, что я родилась с профессией, она была внутри и не позволила бы мне жить никакой другой жизнью. Это выше, сильнее, умней меня. И слава богу!

Провинциальная барынька Фаина Фельдман (или как-то еще)... бр-р... Нет уж, лучше неприкаянная, бестолковая актриса Фаина Раневская. Одинокая даже в толпе, но такая счастливая на сцене!

А семья у меня все же была. Нет, не подпольная, а настоящая — Павла Леонтьевна пустила меня не только рядом с собой на сцену, она пустила меня в семью. У Вульф была прекрасная дочка Ирина (какой ужас, что я пережила даже ее!). Это очень трудно — быть матерью при неприкаянности судьбы актерской провинциальной актрисы, у которой что ни сезон, то новый город и новая труппа. Умудриться при этом создавать хотя бы видимость нормального быта, не втянуться в разгульную жизнь застолий после спектаклей, не тратить силы на зависть, склоки, сплетни, остаться на высоте своего образования, своего таланта — это дорогого стоит. Павла Леонтьевна сумела.

Вульф для меня образец не просто актрисы, но человека, женщины. У нее не сложилась жизнь с первым мужем — Анисимовым, с которым и развод оформлен не был, потому Ирина, рожденная уже от Каратаева, была записана на фамилию Анисимова и отчество получила его же — Сергеевна, а не Константиновна.

Каратаев остался в Петербурге или в Москве, точно не помню, но не столь важно, а Павла Леонтьевна с Ириной поехала колесить по провинции. Сам Константин Каратаев много проиграл, и его отцу, поздно женившемуся второй раз, пришлось на старости лет распродать все, чтобы погасить долги сына. Он долго не выдержал этой неприкаянности, умер, завещав сыну не бросать вдову с детьми. Отцу Ирины пришлось помогать молодой мачехе воспитывать пятерых детей.

Еще одним полноправным членом семьи у Павлы Леонтьевны была Тата — Наталья Александровна Иванова, работавшая в театре костюмершей. Тата стала настоящим ангелом-хранителем Павлы Леонтьевны и Ирины, взяв на себя

абсолютно большую часть хлопот по домашнему хозяйству. Сколько раз я мечтала встретить такую же Тату, которая взяла бы на себя организацию моего быта!

Но у меня такого везения не было, судьба решила, что достаточно встречи с самой Павлой Леонтьевной и Татой в качестве образца домашней волшебницы.

Четыре женщины разного возраста и военная разруха — не самое веселое сочетание для выживания. Бедная Ирина то и дело болела, именно потому Павла Леонтьевна согласилась перебраться из Ростова-на-Дону в Симферополь. Да и кто бы рискнул в ту пору добираться в Москву?

Хотя в Крыму было не лучше.

С утра не знали, чья власть будет к вечеру. Из Крыма разбежались все крестьяне, какие только могли, рынки опустели, есть было просто нечего. Деньги «не работали», тем, у кого была хоть какая-то еда, брать их бессмысленно, потому продукты меняли на вещи, а чаще вообще не вывозили на рынок.

Если бы не Максимилиан Волошин, которого мы с Павлой Леонтьевной вспоминали добрым словом всякий день, нам бы не выжить. Волошин приносил мелкую рыбешку и бутылку касторового масла, чтобы ее пожарить. Я ненавидела касторку еще с детских лет, а запах горелого касторового масла вызывал и вовсе спазмы желудка. Как ни было голодно, есть рыбешек, поджаренных на касторке, не могла. Волошин страшно расстраивался и уходил искать что-нибудь еще.

Если бы не он...

Голод, тиф, трупы на улицах, головокружения из-за недоедания, страх... и счастье выходить на сцену.

34

Я не хотела писать об этом, совсем не хотела, потому и не вышла первая попытка создать воспоминания, потому и порвала написанное. Была еще одна причина — нежелание писать о многих людях, например, об Ахматовой. Анна Андреевна много раз говорила, что не желает, чтобы о ней писали после смерти, называя это посмертной казнью.

Но как мне без Ахматовой? Как описывать мою жизнь, не вспоминая ее? И все же попробую...

Человеческая память хорошо устроена, она старается спрятать подальше самое тяжелое, а поближе держать смешное. Иначе нельзя, иначе человек просто сошел бы с ума, особенно тот, кому выпали нелегкие годы.

Голодали, кружилась от недоедания голова, из одного платья можно было уже сшить два, еще чуть, и начнем влезать в рукава вместо талии. Но при этом играли.

Сегодня для белых, завтра для красноармейцев. Сейчас уже можно об этом говорить, а попробовала бы я написать такое в страшные годы репрессий...

Однажды некая дама пригласила нас послушать пьесу собственного сочинения об Иисусе Христе. Едва ли можно было загнать нас на такое мероприятие, если бы не обещание:

— После чтения будет чай с пирогами.

Попить сладкого чая и съесть кусок пирога?! Да пусть хоть о чем читает! Мы явились вовремя и испытали первые желудочные спазмы прямо у двери — в квартире действительно вкусно пахло выпечкой. Сама хозяйка, пышнотелая, сдобная дама, принялась с увлечением читать свой шедевр в пяти действиях.

Бывают актеры, о которых зрители откровенно жалеют, что их героев не убили уже в первом акте.

Мы ненавидели авторшу даже не к концу первого акта, а к его середине. Она читала с душой, в многочисленных ремарках подробнейше расписывая малейшее движение и даже эмоции Младенца Христа. А из кухни по-прежнему умопомрачительно пахло. Мало того, она не стеснялась рыдать, смачно сморкаться, изведя несколько платков, сплошь кружевных, причем рыдала в голос, так, словно это не Христу, а ей лично угрожало немедленное распятие.

Тикали часы на стене, автор все читала и читала, запах становился слабее, потому что вожделенный пирог остывал. Глядя на толстенную тетрадь, лежавшую на коленях нашего экзекутора, мы понимали, что живыми не выйдем и к тому времени, когда она закончит чтение, есть пирог будет просто некому.

Временами она пила воду, снова принималась громко сморкаться и рыдать, восхищенная собственным умением писать и читать. Даже если бы пьеса была гениальной, мы бы шедевр возненавидели, как и его автора.

Через два часа желание есть и усталость взяли верх над правилами приличия, мы взмолились о перерыве.

— Да, конечно, я понимаю, вы устали от избытка моих эмоций. Давайте попьем чай, а потом продолжим.

Она могла бы и не приглашать, мы бросились в кухню так, словно предстояло взять Перекоп. И тут ждал второй сюрприз хозяйки, после которого ее еще сильнее захотелось удавить собственными руками. Пирог оказался с морковью, совершенно несладкой и не тертой, а просто нарезанной кусками, а оттого не пропеченной, зато промочившей соком тесто. Лучше испекла бы просто булки без начинки!

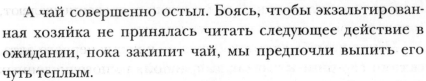

А чай совершенно остыл. Боясь, чтобы экзальтированная хозяйка не принялась читать следующее действие в ожидании, пока закипит чай, мы предпочли выпить его чуть теплым.

Возможно, я и не запомнила бы этот случай, мало ли было всякого, но когда пришлось играть в «Драме» Чехова, я вспомнила эту экзальтированную даму и принялась рыдать после каждого слова именно так, как рыдала наша мучительница.

Борис Тенин, игравший Павла Васильевича, вынужденного слушать эту галиматью, временами требовал перерыва, как и мы когда-то, но не для того, чтобы попить чай с пирогом, а чтобы отсмеяться вдоволь. Но стоило мне начать рыдать, громко сморкаясь в огромный платок, как вся съемочная группа снова покатывалась от хохота, и работа останавливалась.

Так толстая тетка из Симферополя помогла через много лет сыграть забавный персонаж, понравившийся даже вдове Антона Павловича Ольге Леонардовне Книппер-Чеховой.

В Симферополе мы задержались довольно надолго по сравнению с остальными городами (кроме Москвы). Не столько потому, что нравилось, сколько из-за войны и разрухи. Куда ехать, если все неопределенно и даже неизвестно, работают ли театры.

Как бы то ни было, разговоры о Москве периодически возникали. Конечно, частенько заводила их я.

Осмелев от репертуара Театра актера и похвалы Павлы Леонтьевны, я мысленно замахивалась на Москву не раз.

Иногда говорила вслух. Вульф только сокрушенно качала головой:

— Не стоит забывать, что Качалова пригласили. А являться самим и обивать пороги, выпрашивая роль, недостойно. Фаиночка, нужно играть так, чтобы и тебя пригласили.

Я вспоминала свои московские мытарства и соглашалась, да, обивать пороги театров недостойно. Из Симферополя перебрались в Казань, где Ира поступила в университет на тот самый юридический, где учился вождь мирового пролетариата. К счастью, тогда это еще почиталось, но не так, как сейчас.

Есть прекрасный способ испортить любое дело — заболтать его. Никогда не любила власть, никакую, но то, что творится теперь, — полная профанация всего, причем профанация на новом, более изощренном уровне.

Вот после Гражданской, когда все только начало восстанавливаться, а к власти пришли в большинстве своем те, кто не знал, как правильно пишутся слова и кто такой Вольтер, зато знали революционные лозунги (знали, но не понимали их), было ясно: безвременье, которое рано или поздно должно пройти. Конечно, в это безвременье пострадало слишком много прекрасных людей, умных, знающих, виноватых только в том, что их родители не мели улицы и не работали на шахтах, а были аристократами, такими же умными и знающими.

Но, по крайней мере, тогда Шариковых можно было легко вычислить в любой толпе. А сейчас невозможно, слишком изощренными стали лозунги, сами демагоги, слишком завуалирована их дурь.

Бывает, что у человека на уме, видно даже тогда, когда самого ума нет вовсе. У нынешних демагогов прочесть, что

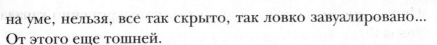

на уме, нельзя, все так скрыто, так ловко завуалировано... От этого еще тошней.

В театре все друг дружке улыбаются, гадости говорят только за спиной, на ушко, подлости делают так же. Не знаю, возможно, и раньше было так же, но я застала советский театр в самом его начале, когда он выживал, когда было не до интриг и подсиживаний. К тому же была под крылышком Павлы Леонтьевны, которая вообще не знает слов «интрига» и «подсиживание». Она всю жизнь только играла, не обращая внимания на остальное. В этом, как и в ее таланте и исключительной порядочности, ее сила.

Не представляю себе Комиссаржевскую или Качалова, Ермолову, Собинова интригующими. Возможно, интриги и были, но умение подняться выше тоже часть таланта.

А я сама? Нет, не интриговала, говорила все в лицо, чем беспрестанно наживала себе врагов. Мстили мелко — оставляли без ролей, прекрасно понимая, что это худшее наказание.

Павла Леонтьевна перед смертью сказала:

— Прости, что я воспитала тебя порядочным человеком.

Страшная истина! Да, она действительно воспитала меня, сделала такой, какая я есть. И это ужасно сознавать, что можно сожалеть о таком воспитании. Это означает, что порядочному человеку очень трудно в нынешнем театре интриг, склок и актерского мастерства, заменившего мастерство проживания роли.

Сейчас подменили само понятие актерского мастерства. Раньше оно означало умение вжиться в роль, а теперь стало умением показать ее внешне. Страшная подмена сути внешним видом.

Думают, если спилили корове рога и накинули лошадиную попону, то она будет и молоко давать, и пашню пахать? Корова и под седлом корова, вымя никуда не денешь, выдаст происхождение.

В Казани мы пробыли недолго.

До революции в казанском театральном обществе правил бал незабвенный Михаил Матвеевич Бородай. Гениальный антрепренер, умевший разыскивать и поддерживать таланты, это он вывел на большую сцену Качалова, заметив того в скромном театре Суворина и дав ему такое множество самых разнообразных ролей.

Бородай буквально носил Качалова на руках, назначив тому максимально возможную зарплату и создав все условия — за три месяца более семидесяти ролей, разных, на любой вкус и спрос, только играй. Зрительницы Казани тоже были влюблены в нового премьера бородаевского театра.

И тут объявился Немирович-Данченко со своим Художественным театром, о котором еще никто слыхом не слыхивал, потому что существовал он, если не ошибаюсь, года два. Качалов решился сменить обеспеченную жизнь в Казани с хорошей оплатой и устойчивым богатым репертуаром на неизвестность в Москве.

Какое счастье для Качалова, что в его времена не было партийных и профсоюзных собраний, а сборы труппы означали не перемывание косточек или обсуждение «вещего» сна режиссера, а действительное обсуждение репертуара и планов театра на предстоящий сезон. И ему не приходилось играть передовиков производства или революционеров-ге-

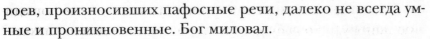

роев, произносивших пафосные речи, далеко не всегда умные и проникновенные. Бог миловал.

Качалов стал звездой в Москве буквально за один сезон, и дело не во внешней привлекательности, вот кто умел жить ролью!

Но начинал Качалов все же в Казани.

Конечно, когда до Казани добрались мы, Бородая там уже не было, и многое, созданное им в трудные годы Гражданской войны и разрухи, оказалось утеряно, театр был не тот. Когда-то Бородай сам следил за репертуаром, сам раздавал роли с учетом таланта и особенностей актеров, за что ему были премного благодарны. Все, кто помнил Михаила Матвеевича, в один голос твердили, что о таком антрепренере можно только мечтать. Нам не повезло.

Ира проучилась в Казанском университете год и решила все же ехать в Москву к Станиславскому. Поступить в его Школу-студию МХАТа было очень трудно, но Ирина молодец, она и гимназию окончила с золотой медалью, хотя учиться приходилось как попало и больше самостоятельно, и в университете училась тоже прекрасно, и к Станиславскому поступила в числе нескольких человек при наплыве желающих в тысячу.

Это уже были времена НЭПа. Ни черта не смыслю ни в политике, ни в экономике, ни в математике, для меня все, что касается расчетов больше стоимости пачки папирос, тайна за семью печатями, кстати, поэтому Лешкины способности (Алексей — сын Иры) вычислять в уме всегда казались невозможными, почти сверхъестественными.

Но НЭП не заметить было невозможно. Я так и не поняла, в чем там заключалась эта новая экономическая поли-

тика, знала одно: в магазинах появились продукты! Больше не нужно жарить рыбку на касторовом масле и шататься от голода. Как грибы после хорошего дождичка выросли магазины, открылись рестораны, запахло таким забытым изобилием.

Ожили и театры. Ира писала из Москвы о богатом репертуаре, о бьющей ключом театральной жизни... А мы дохли от скуки в Казани. Казань хороший и умный город, но репертуар театра не просто оставлял желать лучшего, он был откровенно скучным для нас с Павлой Леонтьевной. Мы трое рвались в Москву — Тата к Ире, я в театральную Москву, а Павла Леонтьевна и к тому, и к другому.

Наши с Ирой отношения складывались непросто, это неудивительно, потому что я отчасти отняла у нее мать. Павла Леонтьевна столько времени и сил отдавала моему обучению и воспитанию, что собственная дочь нередко отодвигалась на второй план. Но здесь дело не столько во мне, сколько в театре. Воспитывая меня как театральную актрису, Павла Леонтьевна отстаивала и собственное видение театра.

Ира была еще мала для таких сложных коллизий, ею больше занималась Тата. Причем из-за многих трудностей военного времени мы не заметили, как Ирина выросла и вдруг оказалась умной, самостоятельной девушкой. Если меня продвигала Павла Леонтьевна, то Ирина всего добилась сама.

Конечно, она не могла не быть под влиянием матери и ее видения театра, но актрисой и режиссером Ирина стала самостоятельно.

Она писала потрясающие письма из Москвы, с юмором и так заразительно рассказывая о новой столице, что мы в Казани просто умирали от желания переехать.

Что и случилось, даже театральный сезон не закончили, благо тогда еще желающих сменить место службы не шельмовали, как «летунов, срывающих производственный процесс в театре».

Наверное, Москва изменилась, но мы не видели ее революционную или военную, потому не могли осознать, насколько. Правда, после нищей провинции Москва с ее роскошными и полными съедобных изысков магазинами казалась чем-то сказочным.

Но мне она больше всего запомнилась не продовольственным изобилием и даже не веселой, шумной жизнью, а знакомством с Качаловым. Именно знакомством, потому что вскользь я с ним уже сталкивалась.

Это было в мои предыдущие визиты в Первопрестольную. Тогда я влюбилась в Качалова со всей дури восторженной провинциалки и, выследив его, не менее восторженно рухнула в обморок.

Все забавное случается с кем-то другим, такое же происшествие с тобой забавным почему-то не кажется.

Я часто говорю, что родилась так давно, что еще помню порядочных людей и времена, когда обмороки были в моде. И нечего смеяться, красиво упасть в обморок — настоящее искусство.

Но в тот раз я упала неудачно — здорово расшиблась и потеряла сознание по-настоящему. Меня перенесли в кондитерскую, возле которой я пыталась совершить этот кульбит, стали приводить в чувство. Открыв глаза и обнаружив,

что надо мной хлопочет сам Качалов, я повторила обморок, теперь уже не нарочно.

К сожалению, знакомство в тот день не состоялось, Качалов отнесся к моему умению терять сознание равнодушно.

И вот теперь я влюбилась повторно и на всю жизнь. Не стесняюсь в этом признаться, в Качалова были безнадежно влюблены все, кто его видел и, тем более, знал. Пересмотрела все спектакли МХАТа, нужно ли говорить, что несколько раз именно те, в которых играл Василий Иванович.

Наконец решилась: написала ему письмо. Сочиняла несколько дней, писала дрожащей рукой, выпив полведра валерианы. Нахально напомнила, как упала ему под ноги в Столешниковом переулке, сообщила, что уже начинающая актриса, и заверила, что отныне главная цель в жизни — попасть в театр, где он играет.

Интересно, сколько мешков писем от таких ненормальных получал Качалов? Сколько бы ни получал, он ответил, и достаточно быстро. На мое имя у администратора были оставлены билеты! А подпись «Ваш Качалов»?! Боже, ради одной этой подписи стоило становиться актрисой и ехать в Москву.

Я понимала, что он не мой и это просто вежливость короля, но зацеловала письмо до дыр. С тех пор у нас началась дружба. Василий Иванович изумительный не только артист, он еще *лучший человек*.

Кстати, зная, как я мечтаю играть во МХАТе, он устроил мне встречу с Немировичем-Данченко. Что сотворила я? Для начала по рассеянности обозвала Владимира Ивановича Немировича-Данченко почему-то Василием Степановичем, в обморок от этого, правда, не грохнулась, но, смутившись, выскочила из его кабинета как угорелая.

Объяснения Качалова Немирович-Данченко слушать не стал:

— И не просите: она, извините, ненормальная. Я ее боюсь...

Качалов ни разу не напомнил об этом конфузе, а вот я не забыла до сих пор.

Но в Москве тоже надо на что-то жить, мы с Павлой Леонтьевной поступили в передвижной театр МОНО — Московского Отдела Народного Образования, режиссером которого был Рудин, наш симферопольский режиссер. Но театр долго не просуществовал.

Уже через год я уехала в Баку. В Баку играла много и счастливо, но всякую эпизодическую мелочь. Как это далеко от Качалова и МХАТа!

Там же познакомилась с Савченко, который позже снимал меня в кино.

Казалось, работа есть, но все не то, не то... А Москва не звала.

Потом были еще города, в которых сейчас и не вспомнят, что в их театре целый сезон дефилировала по сцене Фаина Раневская. Вот вам и сравнение с Качаловым, который за три месяца службы в Казани успел свести город с ума. Да, ворону с орлом не сравнить...

Потом был Смоленск, уже вместе с Павлой Леонтьевной. Там мы играли «Любовь Яровую» Тренева. Кстати, пьесу нам предложил сам автор, он же пожелал, чтобы я играла Дуньку.

А еще были Гомель, Архангельск, Сталинград...

В Сталинграде Пясецкий:

— Хочу, чтобы вы играли в спектакле, но роли нет. Придумайте сами.

Началась эпоха выдумывания ролей для себя. Но придумать, даже очень счастливо, как у Пясецкого, можно лишь эпизод, главную роль не придумаешь, придется писать всю пьесу. Не будь я столь безграмотна, написала бы, но я терпеливо ждала, когда же что-то отыщется или режиссер увидит меня в какой-то роли.

Я ждала Москву, а годы шли, ожидание тянулось вечно. Знаете, вечность — это очень долго, особенно под конец.

После неудачи с Немировичем-Данченко МХАТ был для меня закрыт. Манил Камерный, там играла Алиса Коонен, которую я помнила еще по Евпатории. Безумно нравились спектакли, поставленные Таировым, казалось, там я сумею найти свое место.

Снова набралась наглости и написала Таирову.

Если стоишь по уши в г...не, не остается ничего другого, кроме как смотреть вверх на звезды. Удивительно, что если г...на по колено, люди смотрят вниз под ноги.

МОСКВА...
МОСКВА!

Я помнила Алису Коонен, помнила спектакли Камерного, рассказы Алисы Георгиевны о Таирове, о его методах работы... Казалось, стоит только попасть на ту сцену, и начнется новая, чудесная жизнь.

Так и случилось, только не сразу. Театр был на гастролях, причем за границей.

К тому же у Александра Яковлевича Таирова не было для меня ролей. Снова не было ролей...

И вдруг...

— Приезжайте. Намерен ставить «Патетическую сонату» Кулиша, хочу, чтобы вы сыграли Зинку.

Я схватилась за сердце сначала от самого приглашения, потом, прочитав пьесу, от предложенной роли. Предстояло играть проститутку.

Таиров, судя по всему, уступил мнению руководства, неодобрительно относившемуся к репертуарному выбору режиссера:

— Театру не хватает современных пьес!

Александр Яковлевич никогда не был конъюнктурщиком и не ставил пьес с учетом текущего момента. А тут вдруг поддался. Испугался, что после долгих гастролей по Европе и Америке обвинят в приверженности к западным или устаревшим идеалам? Не знаю.

«Патетическая соната» была написана Кулишом, чтобы показать триумфальное шествие революции на Украине, но провалила эту задачу. Кулиша за нее много и активно ругали, а Таиров рискнул поставить.

Суть такова: в украинскую девушку Марину, которую играла сама Алиса Коонен, влюблен поэт Илько, а в того, в свою очередь, проститутка Зинка. Все они живут в одном дворе, и на фоне борьбы между революцией и контрреволюцией с обличением национализма разворачиваются отношения любовного треугольника.

Вспоминать о революционных и фальшиво-патриотических коллизиях не хочется, мне был интересен сам персонаж Зинки.

Я приехала в Москву летом, театр вернулся с гастролей в сентябре. Они были такие красивые, хорошо одетые и обутые, загорелые... На фоне остальной труппы я, в своем перелицованном старом платье и стоптанных башмаках, неуклюжая, неуверенная, страшно стеснявшаяся и своего вида, и своей неумелости, проигрывала.

Если бы не Таиров, я никогда не сумела бы справиться со своей зажатостью, преодолеть столько страхов, снова появившееся заикание, страх высоты в том числе. Александр Яковлевич понял мое состояние и мои страхи. Если бы он хоть раз произнес знаменитое «Не верю!» Станиславского, которое так полюбилось режиссерам на веки вечные,

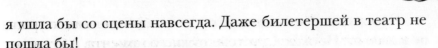

я ушла бы со сцены навсегда. Даже билетершей в театр не пошла бы!

Но Таиров, наоборот, стал кричать мне:

— Хорошо! Раневская, замечательно! Молодец, Раневская!

Кричать, потому что декорации на сцене изображали большой дом в разрезе, на чердаке которого снимала убогую комнатушку проститутка Зинка, там же принимавшая клиентов.

Я вообще боялась высоты, а после падения горы на голову несчастного партнера загнать меня под колосники было и вовсе невозможно. А там предстояло не просто стоять, судорожно вцепившись в конструкции, а играть, «воюя» с Михаилом Жаровым, с которым судьба свела нас в театре снова.

Первый раз Таиров привел меня на самый верх, попросту заговаривая зубы, я и не заметила как. А вот когда туда, лихо топая ногами, взбежал Жаров, отчего вся конструкция заходила ходуном, повергая меня в состояние паники, стало совсем худо.

Сначала я репетировала плохо, очень плохо, казалось, Таиров должен бы выгнать меня взашей, но он продолжал хвалить, хотя было не за что. Но постепенно все выправилось. Роль Зинки стала одной из моих лучших и любимых ролей.

Несчастная баба, которую жизнь вынудила заниматься таким промыслом, она то играет женщину-вамп, что, впрочем, никого не обманывает по поводу ее ценности, то действительно испытывает чувство превосходства над алчущими ее тела самцами, то по-настоящему страдает, потому что невозможно материнство и нормальная семья, а то выговаривает Богу:

— Неужели не можешь дать просто так? Бесплатно помочь не можешь? Неужели... и тебе нужно то же, что и всем?! — И последняя грань неверия ни во что: — Ну, приходи...

Преодолев все: страх высоты, заикание, свое смущение перед великолепной труппой Камерного и Алисой Коонен, я сыграла Зинку. Сыграла так, что по Москве прошел слух, мол, в Камерном играет «наша», взяли прямо с улицы и выпустили на сцену, потому как не играет, а правду-матку про нашу несчастную жизнь режет.

В театр валом повалили жрицы любви смотреть на «свою». Плакали, аплодировали так, что после каждого слова приходилось делать перерыв. Зинка стала самым ярким пятном в спектакле.

Такой успех Зинки-проститутки и всей пьесы, перед тем активно ошельмованной критиками, не мог понравиться критикам от революции, Таирову немедленно указали на идеологические промахи. «Патетическую» быстро сняли из репертуара, заменив «Оптимистической трагедией», где роль комиссара играла Алиса Коонен.

У меня была робкая надежда, что Александр Яковлевич ввиду явного моего успеха позволит играть комиссара в очередь с Коонен, но он не решился. Нет, не из-за подозрительного начальства, надзирающего за революционной культурой, а из-за супруги.

Я не обиделась. Алисе Коонен было ни к чему соревноваться с какой-то Фаиной Раневской. Ей, учившейся, а потом много игравшей до Камерного театра у самого Станиславского, вовсе не хотелось, чтобы ее сравнивали с начинающей актрисой.

Оставшись без ролей, в следующем сезоне я ушла из Камерного в Центральный театр Красной Армии — ЦТКА.

С Таировым и Коонен мы остались в дружеских отношениях на всю жизнь. Я навсегда запомнила Таирова и то, как он работал со мной на репетициях, это сказалось, я просто испорчена Таировым на всю оставшуюся жизнь.

Судьба Александра Таирова и Алисы Коонен сложилась несчастливо. Таирову не простили нежелания играть революционно-пафосные, а потом образцово-производственные спектакли. Хотя «Оптимистическую» очень хвалили, а Алиса Коонен в ней была признана эталоном комиссара, остальные спектакли театральное начальство явно не устраивали. Репертуар устарел, не соответствует требованию момента, не отражает новую действительность, мелкобуржуазен, репертуарная политика театра неверна.

Наконец, в 1949 году Таиров и Коонен были из Камерного уволены и переведены в Театр имени Вахтангова, где, конечно, не были никому нужны. И тогда их отправили на пенсию.

Таиров не выдержал. У него просто отняли театр, который он создал с самого начала, с первого шага, который выпестовал, холил и лелеял. Они с Коонен остались не у дел, продолжая жить в одном доме со своим бывшим детищем, даже входить в один подъезд с актерами. Таиров каждый день с утра приходил на проходную, интересуясь у вахтера, в какое время репетиция. Вахтеры неизменно отвечали:

— Вы у нас больше не работаете.

Таиров возвращался домой и сообщал Коонен:

— Алисочка, сегодня репетиции нет и спектакля вечером тоже. Но ты, пожалуйста, не расслабляйся, держи спину прямо, а еще готовь какую-нибудь роль, без этого можно раскиснуть.

Люди, которые больше сорока лет каждый день репетировали и играли, просто не могли это бросить так сразу. Но самым страшным было понимание, что их театр теперь будет существовать без них.

У Таирова очень быстро развился рак мозга, и уже в следующем после закрытия театра году он умер. Алисе Коонен пришлось доказывать, что она вдова Таирова.

Коонен пережила мужа почти на двадцать пять лет, за все это время она не переступила порог потерянного театра даже в качестве зрительницы, но следовала совету мужа: не расслаблялась, держала спину прямо, готовила роли для концертного исполнения и много читала со сцены.

Я просила Завадского взять Коонен в театр, но тот остался глух к просьбам.

А тогда после снятия «Патетической» я осталась не у дел. Пришлось уходить в ЦТКА — Центральный театр Красной Армии.

Несмотря на то, что работа у Таирова вышла короткой, я не обижалась. Зато я служила в Москве, стала московской театральной актрисой.

Из ЦТКА едва не попала в Малый, но начальственный демагогический окрик испугал руководителей Малого, не случилось. Из одного театра ушла, в другой не попала, осталась не у дел. Спасло кино.

НА СЦЕНЕ ИГРАТЬ НЕЛЬЗЯ!

Играют дети в песочнице. Или в карты.

На сцене надо жить. Ролью жить. Великие жили.

Когда это уйдет совсем, уйдет и театр.

Выходить на сцену, чтобы демонстрировать великолепную актерскую технику, — значит бессовестно обманывать зрителей. Тогда надо писать в программках название актерских номеров, как пишут в цирке: «Такой-то демонстрирует свое мастерство в диалоге с таким-то. Дрессированные партнеры прилагаются». И никакого обмана.

То, что сейчас творится на большинстве сцен, к театру имеет отдаленное отношение.

К сожалению, театр закончился, остались только подделки под него...

Сумасшедшие режиссеры показывают в театре себя, свои выдумки, которые им приходят в голову либо в результате плохого пищеварения, либо от некачественной водки. В здравом уме и состоянии, далеком от похмелья, большинство их идей в голову прийти не может.

Нельзя осуждать поиски начала века, особенно двадцатых годов, тогда казалось, что новому человеку нужно новое искусство, вся страна жила под лозунгом «Мы наш, мы новый мир построим», причем разрушив до основанья старый. Разрушали все и всё.

Но прошли же годы, стало понятно, что и новый человек с удовольствием смотрит чеховские пьесы, смеется над героями Островского и сопереживает Шекспиру. Вечные темы никуда не делись, и рядить их в немыслимые одежды не обязательно и даже нежелательно.

Правда, советский театр и кинематограф переболел еще одной болезнью — соцреализмом с двумя уклонами, сначала революционно-героическим, а потом героико-производственным. Красные комиссарши в кожанках сменились поющими доярками, а потом передовиками производства, для которых план превыше всего.

Но ведь и это прошло, снова оказалось, что настоящее искусство вечно, прошли времена, когда требовалось на одну пьесу Островского ставить две черт-те чьи, когда репертуар подгонялся под даты, а Ромм вынужден снимать «Ленина в Октябре», чтобы иметь возможность снимать вообще.

Сейчас-то зачем гнать халтуру?

Привыкли? Не умеют иначе?

Алиса Коонен рассказывала, как ее однажды пригласили на занятие, чтобы посмотрела, проконсультировала. Студентка произносила монолог Сони «Мы увидим небо в алмазах» из «Дяди Вани». От Сони в этом монологе не было ничего, как и от неба в алмазах тоже, но преподаватель следил больше за верностью текста, чем за передачей его смысла.

Играют... Показывают актерское мастерство...

Конечно, не все. Многих молодых люблю, некоторых особенно. Задираю, заставляю огрызаться, даже плакать. Почему? Нет, не хочу обидеть, упаси господи, если обижаю, то извиняюсь и долго переживаю. Просто, если их заденешь, словно просыпаются, начинают огрызаться — оживают, в роли живут, а не присутствуют.

Со своими режиссерами, с которыми я могла бы работать долго и счастливо, встречалась в начале и в конце жизни на сцене. В начале был Таиров, в конце Эфрос и Сергей Юрский.

Конечно, еще Ромм и даже Надежда Кошеверова, как бы я ни была на нее сердита.

За свою жизнь я насмотрелась на самых разных режиссеров, настолько разных, что могла бы их классифицировать.

Когда только начинала играть в Ростове-на-Дону (не могу считать опыт Летнего театра, когда я «любила» Певцова весь спектакль и после него, настоящей игрой), меня от пошлости, от скатывания к ничтожной профанации спасла Павла Леонтьевна. Если бы не она, не бывать мне актрисой.

И дело не в умении двигаться и произносить текст, даже не столько в ее наставлениях по поводу проживания роли, а в том, что в самом начале она не позволила мне считать театром его полную профанацию.

Как обидно, что сейчас все успешно скатывается на тот же уровень, только амбиций больше.

Что за уровень?

О, рассказ о театре времен Гражданской войны — это особый разговор, без которого не обойтись. Павла Леонтьевна говорила, что немногим лучше было и до войны, но я этого не застала, потому судить не могу.

Сумасшедшее количество ролей, две-три премьеры в неделю, когда, приходя на репетицию, не всегда помнишь, что же именно репетируем, а на спектакле не знаешь роли. Игра «по суфлеру» нормальное явление, текст подскажут, а если нет, то и так сойдет. Не жили ролью — играли, изображали даже чеховских персонажей. Иногда я думала: как хорошо, что Антон Павлович не видит этого кошмара! И Островский тоже не видит и не подозревает, что сотворили с его пьесами в XX веке.

Утром репетиции пару часов, только чтобы обозначить, кто кого играет и как будет двигаться по сцене, чтобы не мешать друг дружке. Остальное как получится. Если удавались три-четыре репетиции, это была роскошь, в репетиции могли бы превратиться сами спектакли, если бы у актеров было желание репетировать. Им хватало аплодисментов и за халтуру, которую творили наспех.

Даже очень талантливые играли шаблонно, повторяя либо самих себя независимо от роли и текста, либо однажды виденное. Получалась нелепица или полная халтура, когда один и тот же актер был просто неотличим в самых разных ролях.

На репетицию буквально приползали после бурной ночи, проведенной в ресторане, опухшие, охрипшие, недовольные. Лениво перебрасываясь ничего не значащими фразами либо с хриплым смехом и пошлыми шутками обсуждая ночные происшествия, ждали, когда режиссер позовет «репетировать».

Режиссерские указания бывали такими, что даже мне, неискушенной указаниями вообще, они казались вопиющей глупостью.

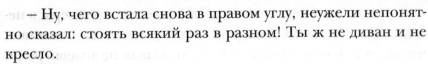

— Ну, чего встала снова в правом углу, неужели непонятно сказал: стоять всякий раз в разном! Ты ж не диван и не кресло.

Или:

— Не бегай по сцене, не то, пока за тобой следить будут, шеи свернут.

На остальное наплевать, главное, распределить, кто из какой двери выходит и куда уходит, чтобы не столкнулись между собой и не свалили наспех сколоченные и слегка скрепленные декорации. У меня такое случилось, я умудрилась уронить на героя-любовника декорацию, изображавшую гору (наверное, Казбек), и он вместо слов любви, выбираясь из-под завала, под хохот зала громко обещал оторвать мне голову.

Если не успевали и этого, тоже не беда, по ходу действия актеры разберутся.

Те, кто опытней, способней, даже талантливей, умудрялись быстро выработать для себя те самые штампы, за которые публика их так любила. Кто менее сообразителен и пил больше, те просто вписывались в спектакль ради необходимого количества актеров на сцене.

Иногда мне казалось, что зрители вообще не слышат текста, который произносится. И мало понимают, что именно происходит на сцене. Просто выходил актер N, который играл героев-любовников и которого обожали за красивые глаза и статную фигуру, дамская половина зала взрывалась восхищенными ахами, а когда появлялась актриса NN, приходила очередь мужской части зрителей аплодировать. Вот и все. А что уж они там изображают, что говорят, какие отношения развиваются на сцене, если вообще развиваются, мало кого волновало.

Страшно подумать, какое количество действительно талантливых актеров погубила такая, с позволения сказать, игра.

И как была не похожа на ремесленников от театра Павла Леонтьевна Вульф. Была не похожа сама и учила быть такой меня! Не встреться она мне, я никогда не стала бы актрисой, возможно, стала бы играть, читая по губам суфлера, но только не создавать образы, не жить ролью.

Для чего брали для такого позора чеховские, гоголевские пьесы, Островского? Ведь ставили же «Вишневый сад», «Чайку», «Дядю Ваню», «Три сестры», «Иванова», ставили «Грозу», «Волки и овцы», «Бесприданницу», «Ревизора», «Женитьбу» и еще много чего. Какой театр может похвастать таким репертуаром, причем в течение одного сезона? В Москве ни один, а вот многие провинциальные театры начала двадцатых могли.

Так для чего нужно было замахиваться на настоящую классику при такой халтуре? Наверное, чтобы провинциальный зритель мог сказать, мол, видел я ваш «Вишневый сад», и ничего в нем хорошего. Разве только актрисочка одна глазастенькая, не помню, кого играла, но во втором акте уж очень хороша была...

К тому же зрителя заманить именем местного автора Фафунькина и вовсе невозможно. Им Шекспира или Гоголя подавай, чтоб как в Москве!

Симферопольскому Театру актера еще повезло, его возглавлял один из донкихотов того времени, Павел Анатольевич Рудин. Он активно ставил классику и поддерживал старания «Комиссаржевской провинции» хоть как-то держать уровень игры. Ко мне Рудин относился хорошо, конечно, благодаря рекомендациям Павлы Леонтьевны, соглашался давать замечательные роли, видно понимая, что работать над ними я буду с Павлой Леонтьевной, а уж та добьется, чтобы я не читала текст по губам суфлера, а вникала в роль. Так и произошло.

Только благодаря Павле Леонтьевне я в этом бардаке не спилась, не скурвилась, не превратилась в машину для произнесения фраз по подсказке суфлера. Я стала актрисой.

К чему я это все о театре времен Гражданской?

А это тоже режиссерский подход: пусть актеры делают на сцене что хотят, лишь бы лбами не сталкивались и не скапливались все время с одной стороны сцены.

К счастью, у меня дома был свой режиссер — Павла Леонтьевна Вульф. Я иногда думаю, как ей самой удалось не растерять способность играть, а не штамповать роли, способность видеть халтуру, пошлость, отделять настоящее искусство от низкопробных подделок, как удалось, много лет играя вот в таких провинциальных театрах, сохранить то, чему ее учила Комиссаржевская?

Наверное, не все провинциальные театры были таковы, ведь играл же в провинции совершенно гениально Качалов. Но охваченный Гражданской войной юг России высоким искусством похвастать явно не мог, не до того. Мы не жили, мы выживали. Часто в буквальном смысле: шли в театр, пробирались в театр, перешагивая через трупы, а на сцене шатались от голода.

Уже за одно это актеров провинциальных театров можно уважать...

Но простить халтуру все равно нельзя.

Идеальный режиссер?

Вы не услышите от меня имен многих гениальных, я с ними ругалась или преклонялась перед ними, но лично для меня большинство режиссеров враги. Как вот об этом написать? А надо.

А идеальный... это Борис Иванович Пясецкий, вернее, его манера со мной работать. Есть спектакль, но нет роли для меня. Прелестно!

— Играйте.

— Что?

— Не знаю, что хотите. Придумайте сами.

Потом это повторялось не раз и не только у Пясецкого, многие режиссеры либо давали роли без слов, либо предлагали выдумывать что-то самой, либо со вздохами, но принимали мои самовольные выдумки. Я не представляла игры иначе как в соавторстве, а то и авторстве.

Пьеса была какая-то дурацкая из революционных, написанных к текущему моменту. Глупо революционная. Барыня из «бывших» печет пирожки и торгует ими. Нет, я не играла барыню, я придумала себе другую несчастную, которая приносила героине «самые новые новости», за что получала свой пирожок.

Барыня с удовольствием эти новости слушала, хотя были они одна глупей другой. Я надеялась каждый вечер придумывать что-то новое, вроде сообщения, что большевики сбрасывают с «ераплана» над городом записки, в которых «просют» помощи, потому как не знают, «шо им теперь делать».

Публика ежедневно смеялась над этими «новостями» до хрипоты и изменять их мне не позволяла, требуя из зала: «А про ераплан?»

Но я не остановилась на новостях: стоило хозяйке выйти на минутку за пирожком, гостья (то есть я) хватала со стола будильник и шустро прятала его под пальто. Конечно, будильник начинал звонить в самый неподходящий момент. Стараясь заглушить этот звук, я говорила все громче и громче, а придуманные наспех «новости» становились все нелепей. В конце концов я вынимала предательски звонивший будильник из-за пазухи и ставила на стол, после чего отворачивалась от зрительного зала и плакала. Долго плакала, слыша, как стихает смех в зрительном зале, как вместо него появляются редкие хлопки и шиканье, мол, чего аплодируешь, не видишь, баба плачет.

Уходила медленно и под настоящие аплодисменты. Больше не смеялись, моей несчастной героине сочувствовали.

Значит, режиссер может доверять актеру не только по-своему трактовать роль, но и вообще сочинить ее? Даже такой актрисе, какой была тогда я, — малоопытной.

Позже у меня не раз была такая возможность, я лихо «дописывала» роли, с чем авторы текстов соглашались и в кино, и на сцене. Но однажды такая трактовка стоила мне театра.

Завадский в Театре Моссовета ставил «Шторм». Билль-Белоцерковский, конечно, очень старался, чтобы правильная пьеса получилась не скучной, но это едва ли возможно.

Задействована практически вся труппа, даже мне нашлась роль. Конечно, эпизод, зато какой! Вернее, интересным для себя (и зрителей) его сделала я. Роль Маньки-спекулянтки пришлась настолько по нраву, что я фактически

61

заново ее переписала, приведя Завадского в состояние паники:

— Автор ни за что не согласится на такое количество изменений.

Билль-Белоцерковский текст прочел и согласился.

Ничего особенного, просто на допрос к чекисту приводят спекулянтку Маньку, которая шарахается от «полной несознанки» до обещаний озолотить чекиста и от плаксивой интонации до угроз и обратно к слезам. Собственно, текст я переписала полностью, пришлось переписать его и для чекиста тоже. Зато Манька получилась отменная.

Леонид Осипович Утесов обещал, что за эту роль в Одессе меня будут носить на руках.

— Даже в Одессе нет столь колоритных спекулянток!

Зрители воспринимали Маньку с восторгом, я не без оснований горжусь этим. Фразы «Шо грыте?» и «Не-е, я барышня...» стали расхожими. Дошло до того, что в зал приходили только на те десять минут, что шел «допрос», и после него же уходили. Билетерши в фойе вели учет времени чуть не по секундомеру, чтобы точно предупредить опаздывающих и самим вовремя войти в зал.

Когда чекист произносил: «Введите арестованную», по залу пробегал смешливый шепоток, а потом все стихало. После разоблачения Маньки и увода ее зал взрывался аплодисментами и... половина зрителей, потеряв интерес к действию, покидала свои места.

Я могу гордиться этим и горжусь, но не тем, что зрители уходили, а тем, что создала образ, который пришелся по душе, стал ярким пятном в спектакле. А еще тем, как воевал со мной Завадский. Аплодисменты спекулянтке! И это в 1951 году. Просто опасно.

Сначала он пытался заставить меня играть вполсилы, потом потребовал убрать часть текста, мотивируя тем, что сцена слишком затянута.

Но как убрать, если зрители знают каждую фразу, ждут ее? Стоило однажды действительно попытаться сократить текст, как послышался свист и требования не комкать написанное автором! Не могла же я сказать, что у автора такого не было и в помине? Пришлось вернуть.

— Играть вполсилы.

— Это как? Покажите, как можно играть вполсилы. Может, Гертруда и умеет, а я, лауреат Сталинской премии, не могу.

Если кто не помнит, Гертруда — это сокращенное Герой Социалистического Труда. У Завадского эта Звезда была, у меня нет. Успокаивало то, что в моей компании (не имеющих Гертруду) приличных людей куда больше. Хотя и неприличных тоже.

Я понимаю, что Завадский просто боялся, мало ли как посмотрит руководство на покидающих театр зрителей, когда там идет столь идеологически верный спектакль? Опасно...

Кроме того, такое безобразие, как появление половины зрителей не в начале представления и откровенное хлопанье стульев задолго до конца, не могло не раздражать. Запретили пускать в зал опоздавших... Закрывали двери после начала акта... Ничего не помогало.

Обиженный Завадский, которому так и не удалось ни сократить сцену с Манькой, ни изуродовать ее, попросту сцену выбросил! Мотивировал тем, что пьеса совсем о другом и эпизод с Манькой-спекулянткой в ней просто инородное тело.

Зрители не сразу поверили, решили, что я больна. А когда стало понятно, что сцену не вернут, интерес к спектаклю сошел на нет.

Что значительного сделал Завадский в искусстве? Выкинул меня из «Шторма».

Отомстили зрители, они попросту перестали ходить на этот спектакль.

Это пример, как режиссер, не в силах совладать с популярностью эпизода, предпочитает выбросить его даже ценой потери всей пьесы. Я понимаю, что Завадскому так было легче, сам спектакль уже надоел, и он нашел способ отделаться и от моей Маньки, и от «Шторма» одним махом.

Но я обиделась. К тому же играть под диктовку не могла и не хотела.

У Завадского была прима — Вера Марецкая. Прима безоговорочная, и дело не в бывшем их браке, не в общем сыне, Марецкая и правда играла хорошо, ему неудобная Раневская ни к чему. Завадский несколько раз намекнул, что возражать против моего перехода в другой театр, как некогда делали в ЦТКА, он не будет. Я приняла к сведению.

Никогда роли с кровью не вырывала, вообще крови не люблю, за них не цеплялась. И за театры тоже.

На месте бывшего Камерного снова театр, теперь имени Пушкина. Неужели таировские стены не помогут?

Все вокруг убеждали, что никакого таировского духа там нет, что там царит Вера Васильева, что мне снова либо не будет места, либо будут только эпизодические роли.

Я поняла, в чем моя беда, — у меня никогда не было своего режиссера и своего театра, как был Таиров у Коонен, Завадский у Марецкой, Александров у Орловой, Пырьев у Ладыниной...

Фаина Георгиевна Раневская, 1950-е годы

«Что великого сделал Завадский в искусстве? Выгнал меня из «Шторма»

Фаина Раневская в роли Маньки-спекулянтки.

Сцена из спектакля «Шторм». 1940-е годы

«Роза Скороход – единственная моя трагическая роль в кино, но фильм остался невостребованным».
Кадр из фильма «Мечта». 1940-е годы

«Бабушек я играла, кажется, всю жизнь. Играла с удовольствием».

Фаина Раневская с Наташей Защипиной в фильме «Слон и верёвочка». 1940-е годы

«Иногда бабушки бывали сознательней внучек».
Кадр из фильма «Осторожно, бабушка!». 1950-е годы

«Иногда мне даже доверяли представлять советское искусство.
Представлять – это я умею».

Фаина Раневская с Сергеем Образцовым и Майей Плисецкой. 1960-е годы

«Откуда режиссеру знать, что я с детства ненавижу дрессировщиков животных?»
Кадр из фильма «Завтра – новый аттракцион». 1970-е годы

«Что же вы... как же вы так со мной?..»
Сцена из спектакля
«Правда хорошо, а счастье лучше». 1970-е годы

Ненавижу режиссеров, а они меня.

Почему?

Потому что они мне диктуют, что должна чувствовать моя героиня.

Да-да, они диктуют, куда я должна встать, что и как сказать, какой сделать жест, как усмехнуться и так далее.

Этого делать нельзя, только общее построение мизансцены, а дальше внимательно смотреть, чувствую ли я роль. Если чувствую, жесты и интонации найдутся сами, причем каждый раз они могут быть разными.

Ненавижу, когда играют заученными интонациями и жестами. Это значит, что актер роль отбарабанивает.

Шаляпин говорил:

— Вы играете ноты, а надо музыку.

Он прав, это не одно и то же.

Так в любом спектакле: если играть написанный текст, он и выйдет написанным текстом, а актеры должны проживать этот текст, значит, пропускать через себя.

При чем здесь режиссер? Он объяснил свое видение образа, поспорил с актером, объяснил, как видит мизансцену, и на этом надо остановиться и наблюдать, давая актерам вжиться в роли, почувствовать их.

А режиссеры дураки! Ненавижу, когда вместо разбора ролей идет разбор мизансцен, как будто, если мне точно укажут, где должна стоять миссис Сэвидж и когда садиться на диван, я смогу лучше ее понять и прожить!

К сожалению, многих актеров устраивает именно разбор мизансцен. Разберемся, кто где стоит и что говорит, а там по накатанной дорожке.

Ненавижу! Это не жизнь и даже не игра, это игра в игру. Лучше ничего не делать, чем делать ничего!

Это почему я не люблю режиссеров.

А они меня терпеть не могут за капризы, за нежелание подчиняться их бредовым идеям и решениям.

Идиоты.

Подчиняться не желаю потому, что их идеи от внешнего, а мои от внутреннего посыла. Если я не чувствую внутреннего желания сесть в кресло, если рисунок роли требует стоять, почему я в угоду режиссеру должна садиться?

Мизансцена требует...

Что значит требует? Для равновесия, для симметрии? Один стоит, значит, второй должен сидеть, чтобы картина на сцене была симметричной?

Глупости.

Если мизансцена требует чего-то против внутреннего посыла актера, значит, надо менять мизансцену, а не посыл и не актера. Но идиоту режиссеру куда важней усадить меня, вместо того чтобы понять: я не играю, я живу! Я не могу выходить во втором акте в длинном халате, это одежда Плюшкина или человека в спокойной домашней обстановке.

Миссис Сэвидж намерена сбежать из больницы, как только представится хоть малейшая возможность! О каком халате в таком случае может идти речь?! Она должна быть готова к побегу внутренне, она не может переодеться в махровый халат.

Мое внутреннее ощущение расходится с представлением режиссера по поводу мизансцены. Хоть дверью хлопай...

И так на каждом шагу. Не помогают актерам рождать роль, вживаться в нее, а диктуют свое видение мизансцен.

А потом удивляются, почему это у Плятта, который живет, плюя на все их ухищрения, всегда овации, а у Пупкина-

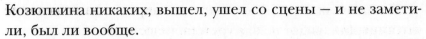

Козюпкина никаких, вышел, ушел со сцены — и не заметили, был ли вообще.

Мои лучшие роли те, в которых режиссеры не мешали. Черт с ними, пусть не помогают, если кишка тонка, но пусть хоть не мешают.

Хуже только когда начинают мешать партнеры.

Ты им посыл, они словно броней одеты, никакой внутренней реакции, пустые глаза, даже если в них по роли слезы, пустой голос, красиво произносящий нужные слова, а изнутри могильным холодом веет. Понятно, душу дома оставил, чтобы не трепать, а зрители и так обойдутся.

Зрители, может, и обойдутся, на репетициях их не бывает, например. А вот я не обойдусь. Мне душу подавай, хотя у многих не души — душонки.

Начинаю раздражаться, злиться, даже кричать. Зло берет на нежелание творить, делиться душой, как же не понимают, что нельзя без этого?!

Кричу — обижаются, говорят, диктат развела, требую невесть чего.

Да не невесть чего я требую, а чтобы жили в роли, и не только на премьере, а все время, каждый миг спектакля и репетиций тоже. Я кричать и злиться начинаю, когда отклика у партнеров не чувствую, значит, снова играют, закрывшись, значит, снова бездушно!

Это не от опыта зависит, не от возраста. Есть же молодые, у которых все в порядке с душой. У Марины Нееловой душа словно струна натянутая, только тронь — зазвенит. Молодая совсем, значит, можно?

Ия Саввина... куда уж лучше — все наружу, зрителям есть что смотреть, видят не фигуру или лицо, а душу, раскрытую, распахнутую. Если это есть, ни фигура, ни лицо не важны. Хорошо, когда красивые, но это не главное.

Обижаю я актеров, особенно молодых, задеваю...

Есть такое. Приходится. А почему — никто не задумался?

Мне их реакция нужна, отклик. Просто слова не берут, закрыты, застегнуты наглухо, приходится даже оскорблять, в ответ на резкое слово злятся, раскрываются, вот тогда и можно цеплять. А зацеплю душу — вытащу, заставлю раскрыться. С такими работать одно удовольствие, такие не играют, а живут. То самое, о чем все время твержу.

Режиссерам бы этим заниматься, а не старухе, для которой главное не забыть текст. Но для этого надо тратить душу самим, а им жалко...

Замыслов у нынешних режиссеров сколько угодно, им мыслей не хватает.

Тем ценнее те, кто не «замысливает», а режиссирует, не демонстрирует свое «неповторимое» видение мира, а старается раскрыть то, что автором пьесы заложено. К чему домысливать за Чехова или Островского, когда в тексте есть все? Не умеешь читать сказанное драматургом, не делай вид, что читаешь между строк. Между ними приличное видится только тем, кто грамотен, а то ведь накопают между строк всякой непотребной дряни и доказывают с пеной у рта, что это их оригинальное видение.

Бывает, слушаешь на обсуждении какой-то пьесы, особенно классики, как режиссер «Самовлюбленов» объясня-

ет, что он там узрел с похмелья, и хочется поинтересоваться, не в туалете ли между строк вычитывал, пока тужился. Иногда очень похоже. Даже «Самовлюбленовым» вредно читать классиков на унитазе, мысли дурные в голову лезут.

Боюсь, что совсем скоро только там и будут читать.

Вот тогда театру можно будет ставить памятник в качестве напоминания, что было такое искусство, которое сдохло, будучи переведенным на коммерческие рельсы. Венки будут возлагать, цветы по праздникам, добрым словом поминать. И это вместо того, чтобы не гадить ему сейчас.

Театр не может быть коммерческим мероприятием.

В Москву привозили «Джоконду». Поглазеть ломились все, очень многие только ради возможности сказать, что были и видели. Три очень показательные реакции:

— Во всем облике важность особы, от которой что-то зависит в этом мире, даже если не зависит ничего, недоуменное пожимание плечами: «Все только и говорят об этой Джоконде, а я так ничего в ней не нахожу, на меня она не произвела никакого впечатления».

Вот и все, шедевр, которым восхищалось столько поколений, не произвел впечатления. Да ведь она не впечатление производить привезена, а чтобы мы, которым иначе увидеть невозможно, тоже приобщились к загадочной улыбке, чтобы хоть краешком губ улыбнулась-усмехнулась и нам тоже.

Дама интеллигентного вида разглядывала так, словно хотела глазами сфотографировать. Ясно, это для отчета, чтобы потом в подробностях рассказать на работе, родственникам, знакомым, что же в Джоконде особенного.

Женщина в возрасте, очень средне одета, вся в слезах.

— Вам плохо?

— Нет, хорошо. Как она улыбается... За это не жалко отдать накопления. Себе на похороны копила, теперь думаю, придется еще пожить. Зато вот приехала, посмотрела...

Для кого везли? Вот для таких, кому накоплений не жалко, чтобы в Москву приехать, всю ночь в очереди простоять и увидеть загадочную улыбку...

Вот так и театр. Раньше, чтобы Шаляпина или Собинова послушать, Ермолову или Качалова посмотреть, пешком приходили. А сейчас поедут ли специально ради кого-то?

Нет, прошли те времена. И не зрители виноваты, а актеры.

Нина Сухоцкая сказала, что, если начинаешь ворчать, значит, совсем постарела. А я и не спорю, но право ворчать имею. Играют на тех же сценах, где играли корифеи, а во рту каша, глаза пустые, руки-ноги кукольные... Но самое страшное — душу тратить не хотят. Себе, что ли, оставляют? А зачем она им, если не тратить? Душа, если ее не тратят, скукоживается, усыхает. К чему потом засохший огрызок?

Я всю жизнь искала точку применения этой самой души. Редко удавалось, а жаль.

Лишили крыльев... Что осталось? Метла...

Одинокая, вредная старуха, у которой даже домработницы не уживались, хотя требовательностью никогда не отличалась. Один только Мальчик вот мной дорожит.

Это не кокетство и не старческий маразм, я знаю, что меня любят и ценят. Только вот беда — дома я все равно одна. Бывает, за целый день телефон не зазвонит ни разу, тогда понимаешь, что никому не нужна.

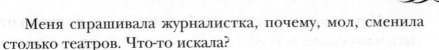

Меня спрашивала журналистка, почему, мол, сменила столько театров. Что-то искала?

— Да, святое искусство.

— Нашли?

— Нашла. В Третьяковской галерее.

Каков вопрос, таков ответ.

Почему актер или актриса переходят из театра в театр? Только если не прижились в предыдущем. Я трудная актриса, но из одного театра в другой уходила только из-за отсутствия ролей. Только!

До Москвы все не в счет, там была жизненная необходимость в переходах и переездах, в прямом смысле нужно было на что-то жить, потому меняли театры, чтобы играть. Но ведь играли же! Играли Чехова, Островского, Гоголя, Горького, Шекспира, Тургенева, Тренева... О качестве не говорю, потому что по две сотни спектаклей в репертуаре, дважды в неделю премьеры, когда текст выучить не успевали, полностью полагаясь на суфлера, тут уж не до полного проникновения в роль, не успевали проникать, пора было выходить на сцену в другой роли.

Но я и в Москве сменила несколько театров.

Первым московским (если не считать того Летнего) стал Камерный. Моя мечта и любовь. Таиров пригласил сыграть Зинку в «Патетической сонате» Кулиша. Я уже рассказывала.

Но «Патетическую» вскоре сняли за безыдейность. Таиров поставил взамен нее «Оптимистическую трагедию», но не могла же я играть матроса, бюст не позволил бы. Осталась без роли.

Я обожала Камерный, была в прекрасных отношениях и с Таировым, и с Алисой Коонен, любила всех актеров теа-

тра, таких талантливых, таких пластичных, таких точных...
Но ролей это не добавляло.

Ходила на репетиции, на спектакли, смотрела и училась.
Но сколько же можно учиться, очень хотелось играть самой.

В ЦТКА – Центральном театре Красной Армии – роли
предлагали, пусть за шесть лет их было всего пять, зато каких! Даже Васса Железнова. Заглавных ролей у меня до того
не бывало. А тут такая «вкусная».

Но потом все застопорилось. Островский, Чехов, Тургенев... – это репертуар не для театра Красной Армии. Пьесы
ставились патриотические, даже героические, куда я со своими внешними и актерскими данными просто не вписывалась.

И вдруг предложение, от которого не отказался бы ни
один нормальный актер вроде меня, – Малый! И репертуар
будет!

Выходить на сцену, родную самой Ермоловой, да еще и в
интересных ролях в спектаклях, поставленных «под меня».
Ну, не сказка ли?

Нет, не сказка, сказки заканчиваются хорошо, а моя
история плохо. Никакие объяснения, что я не смогу бесконечно играть радисток-коммунисток вроде Оксаны из «Гибели эскадры», не помогали. Режиссер Судаков из Малого
так расписывал радужную перспективу для меня в театре,
что я даже поверила в блестящее будущее.

Вот вам урок: никогда не празднуйте раньше праздника,
могут выйти поминки.

Бои местного значения в ЦТКА я выиграла, со скандалом хлопнув дверью, а ведь перед этим в «Советском искусстве» была напечатана статья начальника ЦТКА, в пух и прах разносящая «летунов» от театра, которые готовы променять одну сцену на другую, гонясь за длинным рублем. Никакого длинного рубля мне не предлагали, речь о зарплате вообще не велась, за одну возможность играть в Малом я готова была нести убытки.

Из ЦТКА уволилась, оставалось начать репетиции в обещанных ролях в Малом, и тут... Не знаю причин, по которым труппа Малого выступила против моего прихода. Тогда я еще не была известна скандальным нравом и особыми требованиями к режиссерам и партнерам, а о моей Вассе Железновой говорила Москва... Не летуна же они испугались?

Судаков, совсем недавно обещавший золотые горы и бешеные овации, исчез, словно нырнул в туалет и не выплыл.

Из общежития театра я была выставлена, работы больше не имелось. А ведь только что получила звание заслуженной артистки РСФСР.

Приютила снова Павла Леонтьевна. Если бы не она и Михаил Ромм, позвавший сниматься в «Пышке», не знаю, что бы я делала. Для меня началась эра кино.

Как хорошо, что я не повесилась, оставшись без работы. Вообще, советую вешаться с толком — утром, на свежую голову, лучше завтра или послезавтра, но никогда сегодня. И страшные клятвы давать тоже завтра или послезавтра. Понимаете, завтра, оно всегда потом. Проснешься утром с уверенностью, что это завтра наступило, смотришь, а опять сегодня, приходится отложить крутые меры...

А в театр я все же вернулась, нет, не в армейский, не в Малый, а в Московский театр драмы, тогда он назывался Театром Революции и репертуар имел соответственный.

Николай Павлович Охлопков решил поставить «Беззащитное существо» Чехова и пригласил меня на роль Щукиной.

Я никого не бросала и ни от кого не уходила, просто поступила служить в Театр драмы. Там сыграла и Щукину, и Берди в «Лисичках», и бабушку Олега Кошевого, и жену Лосева в спектакле Штейна «Закон чести» (кто сейчас и вспомнит такой!), за последнюю роль даже получила Сталинскую премию второй степени.

Все это продолжалось до приглашения Завадского к нему в Театр Моссовета.

А потом в Московский театр имени Пушкина, где ни от Пушкина, ни от московского театра и так уже почти ничего не осталось, пришел Равенских.

Не спорю: талантливый, интересный, мыслящий, но настолько не считающийся с актерами, что работать рядом с ним я просто не могла. А он и не настаивал.

Придя главным режиссером после Туманова, Равенских получил карт-бланш, чем немедленно воспользовался: разогнал половину труппы! Меня тронуть не рискнул, понимал: высмею так, что вся Москва пальцем будет показывать. Издевался над другими, то давал главную роль в спектакле, то низводил до уровня массовки, то увольнял, то принимал обратно Володю Высоцкого...

Если режиссер приглашает к себе, суля золотые горы, эти самые горы мысленно следует заменить серебряным пригорком, но уж хотя бы им. А вот когда этот же режиссер в одном спектакле ставит молодого, амбициозного и талантливого мальчика сначала на главную роль, а потом безо всяких на то оснований переводит в массовку просто пото-

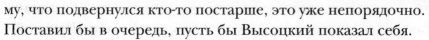

му, что подвернулся кто-то постарше, это уже непорядочно. Поставил бы в очередь, пусть бы Высоцкий показал себя.

Но Равенских предпочел гноить Высоцкого несколько лет, держа его на эпизодических ролях. Я знаю, что это такое, сама много лет сидела. Но когда на эпизодах сидит провинциалка, не имеющая ни образования, ни внешних данных, да еще и в период, когда в театрах раздрай, — это одно, а когда талантливого мальчика держат в массовке, предварительно пригласив в театр, совсем иное.

Он не просто украл у Высоцкого несколько лет, но и уничтожил у того доверие к театру. Потерять первые годы, когда становится характер актера, когда крепнет его вера в собственные силы...

Выгнать меня Равенских не мог, отправить на пенсию тоже, я сопротивлялась и высмеивала нелепость наших заседаний и производственных совещаний. Зато не давал роли. Я приносила пьесу за пьесой, Равенских отвергал. Почему, боялся, что не сумеет поставить? Конечно, ставить «Свиные хвостики», с которых Равенских начал свою деятельность в Театре имени Пушкина, куда проще, чем предлагаемый мной «Дядюшкин сон». «Свиные хвостики» в театре Таирова! Это хуже, чем играть «Вишневый сад» по подсказке суфлера в Вездесранске.

Алиса Георгиевна была еще жива, жила над гримерными, но в театр никогда не заходила. Идя на репетиции, я молила бога, чтобы с ней не встретиться, потому что было неимоверно стыдно признаваться, что от созданного ими с Таировым театра не осталось ничего. Возможно, новый и был хорош, но места в нем не нашлось не только Коонен и мне, но и памяти Таирова.

Равенских сделал ставку на молодых, отметая прежних актеров, как ненужный хлам. Вы никогда не бывали ненужным хламом? Дерьмовое, я вам скажу, ощущение, словно сидишь на ж...пе в г...не, а вокруг порхают птички. И руку подать, чтобы помочь подняться, некому.

Когда я узнала, что он переходит в Малый главрежем (тот самый Малый, что сначала позвал меня, а потом не взял, оставив и без работы, и без жилья), я даже порадовалась:

— Так им всем и надо! Пусть Равенских там сдувает свою нечисть и беседует с чертями.

Была у него такая особенность — видно, мерещилась режиссеру нечистая сила, мог вдруг начать разговаривать с кем-то невидимым, не обращая внимания на присутствующих. А еще старательно дул через левое плечо, если кто-то подходил слева, и так же сдувал все со стола, видно, наглые черти норовили усесться вместо кресла прямо на стол перед режиссером.

Смеяться грешно, даже я не смеялась.

Но и работать с ним тоже не смогла. Когда Равенских отказался даже обсуждать постановку «Дядюшкиного сна» (конечно, там невозможно устроить фейерверк внешних эффектов, а значит, отличиться режиссерски), стала думать, у кого бы другого сыграть Марию Александровну. А тут напомнил о себе Завадский. Ради возможности играть не в «Свиных хвостиках», а в классике я готова была забыть свою обиду даже на Завадского.

Если у режиссера нет ролей для актеров, как-то себя уже показавших, желающих играть, талантливых, это его вина, огромная вина. Не использовать чей-то дар просто потому, что у самого слаба жила для работы с ними, — преступле-

76

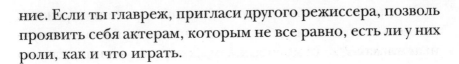

ние. Если ты главреж, пригласи другого режиссера, позволь проявить себя актерам, которым не все равно, есть ли у них роли, как и что играть.

Завадский, конечно, был мерзавцем, хотя и талантливым, но даже он понял, что, возвращая меня в театр, должен дать роли.

Сам работать со мной после «Шторма» не мог и не хотел, кроме разве обещанного «Дядюшкиного сна», зато на следующий спектакль пригласил режиссером Варпаховского.

О Завадском непременно нужно написать отдельно, и о Варпаховском не рассказать грех.

Вот какая я старая и многоопытная, со сколькими умными и не очень, хорошими и не очень, талантливыми и не очень людьми работала! Уподобляйтесь первым, а если чувствуете, что «не очень», умейте отойти в тень, в сторону и не мешать тем, кто «очень».

А может, и мне пора отойти в сторону, может, я сама уже отработала свое? Сейчас, наверное, пора, а тогда еще нет, тогда я еще могла не забывать текст, могла отдавать куда больше сил каждому спектаклю, потому что эти силы еще были. Сейчас их нет...

Столько не сыграно, столько времени потеряно, столько душевных сил пропало даром... А все почему? Не было режиссера, который бы взял за руку, вывел на сцену и сказал:

— Фаиночка, я поставлю любой спектакль, в котором вы найдете для себя роль.

Я не жадная, я бы играла в очередь с кем угодно, я бы играла эпизоды, только стоящие и чтобы знать, что не вы-

кинут, не оставят без работы. Для актера «без работы» — это не без зарплаты, а без ролей! Почему режиссеры этого не понимают?

Когда, наконец, поймут (и поймут ли вообще?), что театр не для развлечения, а для воспитания людей, воспитания вкуса, понимания жизни, для того, чтобы будить совесть и то доброе, что еще в их душах не изгажено. Развлекаться пусть идут в оперетту, она для того и создана, и верно создана. А в драме должна идти драма, а не «Свиные хвостики». Тьфу, от одного названия тошнит!

Брюллов когда-то говорил своему ученику Ге:

— Лучше ничего не делать, чем делать ничего.

Боже, как же он прав! Но сейчас делают сплошное «ничего» и ничуть этого не стесняются. Тошно...

Вернулась в Моссовета к Завадскому. Нет, не к нему — в театр. Хотела играть у Ирочки Вульф.

Удивительный все же человек Завадский. С Верой Марецкой расплевался и ушел к Улановой, но потом помирился, к ним с Женькой не вернулся, но Веру боготворил до самой смерти (своей). С Ириной Вульф разбежались, но остались друзьями, не мешает ей играть и ставить. Только со мной почему-то всегда одни ссоры. Может, потому, что я не была ни его женой, ни его любовницей?

А ведь верно, нужно было женить на себе Завадского хоть на пару дней, скомпрометировать и женить, чтобы стать еще одной примой в его театре!

Тьфу! Глупости! Примой я и так стала. Третьей. Две другие — Марецкая и Орлова — неоспоримы, против них никакие свидетельства о браке не помогут. У них нет носа моих размеров и такой же ж...пы. А таланта хватит, чтобы меня

переспорить. Вернее, не было и хватало, все уже в прошлом...

Завадский слово сдержал, дал Ире Вульф поставить для меня «Дядюшкин сон», позволив играть Марию Александровну. А через два года пригласил Варпаховского для «Миссис Сэвидж». Тоже поступок, потому что Варпаховский только что вернулся из мест весьма отдаленных.

Как у него репетировалось? Оч-чень своеобразно! Половина спектакля репетирована либо в парке на скамеечке, либо у меня дома.

Леониду Викторовичу наговорили обо мне столько, что, казалось, и подходить не должен, а он рискнул. Лез в пасть огнедышащему дракону, можно сказать, но твердо решил, что миссис Сэвидж — это я и только я.

Я в долгу не осталась, сделала все, чтобы он эту затею бросил. Знаете, лучше разочаровать, добить человека сразу, чтобы не ждал ничего хорошего, чем разочаровать тогда, когда он вложит в тебя душу. Это даже хорошо, что Варпаховского напугали моим невыносимым характером и старческим маразмом.

Я ему так и объявила:

— Если я вас назову Василием Ивановичем, не обижайтесь, это имя Станиславского.

Каким чутьем Леонид Викторович понял, что я изображаю идиотку, еще не став ею, не знаю, но он поддержал:

— Хорошо, Мария Николаевна...

— Какая Мария Николаевна? Ермолова?

— Нет, Бернар.

— Бернар — Сара.

— Конечно, а Станиславский — Константин Сергеевич.

— А Мария Николаевна — Ермолова.

— А Василий Иванович — Качалов.

— А мы с вами кто?

— Придется смотреть в паспорт...

На первый раз мы были квиты. Осталось только посмеяться.

Читали текст прямо на Сретенке на скамейке, проходившие мимо люди сначала шарахались, потом узнавали во мне чертову Мулю и с любопытством останавливались. Толпа росла, пришлось ретироваться ко мне в квартиру.

Я, старая идиотка, напрочь забыв, откуда недавно вернулся Варпаховский и что он просто не может любить собак, потому что в каждой видит цепного пса охраны, потребовала, чтобы режиссер гладил Мальчика. Леонид Викторович переступил через себя и гладил.

Варпаховский сначала был сослан в Казахстан, кажется, в 1936 году как троцкист, а потом осужден еще и по знаменитой 58-й статье за контрреволюционную агитацию. Этот человек сумел не сломаться, остаться верным своей любви к театру, своей профессии, не потерять интереса к жизни. Возможно, поэтому ему была близка тема женщины, упрятанной родственниками в психиатрическую больницу?

Жаль только одного: поставив спектакль, Варпаховский совсем потерял к нему интерес. Не должен режиссер бросать свое детище, пока оно идет. Понимаю, что ему некогда, в нашем театре был приглашенным, в другие на части рвали, но нужно было хотя бы второй состав подготовить. Не сделал, из-за этого беда.

Хороший спектакль просел, как только начались болезни. Стоило одному выбыть, как посыпалось. Начались бесконечные вводы неподготовленных актеров, иногда до безобразия, когда играющему приходилось подсказывать его реплики в виде вопросов. Никто не вечен, актеры тоже люди, второй состав должен быть обязательно, если его нет, спектакль обречен на халтурное исполнение.

Если кто-то не видел спектакля, пусть и не в моем исполнении, с удовольствием рассказываю.

Этель Сэвидж неожиданно оказывается единственной наследницей огромного состояния умершего мужа. Она не гналась за этим состоянием, но потому и получила его. Трое детей ее умершего мужа от предыдущего брака, весьма достойные люди, имеющие вес и власть, свои части уже промотали и намерены вытребовать все остальное.

Но это не все неприятности обделенных отпрысков, при жизни отца не слишком интересовавшихся его делами и здоровьем. Вдова решила на полученные деньги основать фонд помощи людям, чтобы исполнять их самые необычные желания. Допустить выброса огромных денег на такое «пустое» дело обделенные пасынки не могли и быстро нашли выход — объявили вдову психически нездоровой, а себя ее опекунами.

«Ненормальная» миссис Сэвидж сообразила, что именно это ей грозит, а потому успела припрятать большую часть денег, превратив их в ценные бумаги. Весь спектакль пасынки разными ухищрениями пытаются выведать у мачехи, где же деньги, причем втайне друг от друга. Вернее, хитрая Сэвидж каждому отдельно говорит, куда якобы спрятала бумаги, заставляя двух пасынков и падчерицу совершать нелепые поступки вроде раскапывания клумбы в оранжерее президента или вспарывания живота у чучела дельфина в музее.

Все эти нелепости становятся известны журналистам и немедленно попадают в газеты.

Остальное пересказывать не буду, вдруг вы еще не видели спектакль? Кто более ненормален — миссис Сэвидж, которую пасынки упекли в психиатрическую больницу, пациенты этой больницы или уважаемые члены общества, раскапывающие клумбы или уродующие чучела в поисках денег?

Репетировала с удовольствием, играла спектакль тоже, но пришло время, когда сменились партнеры, сам спектакль «просел», пришлось даже ссориться с администрацией, требуя принять меры против халтуры, что-то ушло, стало не по мне. Но снимать спектакль никто не хотел, на него по-прежнему шли и шли...

Кто мог принять эстафету? Завадский решил, что Любовь Орлова. Она и стала играть миссис Сэвидж, а потом еще Вера Марецкая.

А потом судьба подарила мне Эфроса. Почему же так поздно?!

Анатолий Эфрос — это особая планета. Такие люди встречаются редко, но мы с ним единомышленники, единочувственники.

Эфроса меньше всего интересует зарплата, награды не интересуют вообще, а аплодисменты только как подтверждение того, что сделал правильно, что зрители поняли задумку. Знаете, какое счастье работать с таким человеком?

Эфрос начинал учиться у Завадского, после института поднимал один за другим театры — ЦДТ (детский), потом

Ленком, а потом его перевели в театр на Малой Бронной, где они здорово сработались с Дунаевым. Когда надо что-то «поднять», руководство вспоминало об Эфросе, а потом критиковало. За что? За идейную инфантильность. Ну вот не было у Анатолия Васильевича этой показушной партийной жилки, и все тут! Он одному так и не научился у Завадского: как быть хорошим перед начальством, чтобы получать не выволочки, а награды и премии.

Но для Эфроса куда важней сами спектакли. А еще интересней репетиции. Честное слово, иногда мне казалось, что позволь ему репетировать, он только этим бы и занимался безо всякой сдачи спектакля.

Об Эфросе и этом спектакле надо писать отдельно. Наверное, и о Сэвидж тоже.

Как-то все получается наперекосяк. Нечего было лезть в писательство, коли буквы, как и мысли, кривые. Восемь десятков лет не писала, а тут на тебе — взялась! Как только эти писаки сочиняют свои книги? Начнешь говорить об одном, тут же вспоминается другое, за ним следующее, а там еще... И все вперемежку, потом вспоминаю, что что-то забыла, сказала не так, повторяюсь, снова пишу, снова повторяю...

Или стоит писать все, что вспомнится, а потом еще что вспомнится и еще, а потом взять и... снова порвать? Или все же отредактировать? Или посадить кого-то, чтобы отредактировали?

В самом начале у меня прилично, даже горжусь собой, словно всю жизнь эти самые мемуары писала: все по порядку, ясно и просто, но чем дальше, тем хуже. Хочется и об актерах, с которыми играла, написать, и о спектаклях, и о своем отношении к ролям, к театру примешивается кино, там тоже все наперекосяк...

Что за жизнь такая: делать нечего, поговорить иногда кроме Мальчика не с кем, а писать толком не успеваю. Наверное, это оттого, что, во-первых, я прожила долгую (хотя и короткую) жизнь, во-вторых, знакома со многими талантливыми и замечательными людьми, в-третьих, мне обрыдло то, во что сейчас превратили театр, а я видела его еще настоящим, но главное — я совершенно не организованный человек, особенно если дело касается самой себя.

Ладно, к театру еще вернусь, а пока кино. Там тоже кое-что сделать удалось, хотя оценили вовсе не за то, за что стоило бы. У нас всегда так: можно сыграть Гамлета или Дездемону, а орден вручат за роль передовика производства, а зрители запомнят и вовсе какой-нибудь теткой-дурой.

КИНО

Я терпеть не могу кино? Нет, не всякое.

Театр лучше.

Положим, я плохо сыграла. Бесконечно стыдно перед теми, кто сидел в зале, но сколько несчастных увидели мою плохую игру — полтысячи, тысяча? Критики не в счет, эти могут разнести в пух и прах то, что сыграно талантливо, и не заметить явной халтуры. Обгадят, особенно если сыграно «безыдейно», или вознесут, если фальшивые лозунги будут произнесены пусть фальшиво, но громко. Полтысячи обманутых зрителей расскажут еще стольким же о провале, а те еще стольким же. Но пройдет время, и о неудачном спектакле забудут, хотя бы потому, что завтра, послезавтра и еще сотню раз я сыграю хорошо.

А в кино что сделано, то сделано, брак неисправим. Если в каком-то эпизоде сыграла плохо, а другие хорошо, то режиссер может выбрать именно этот дубль, и ничего изменить нельзя. Я называю это плевком в вечность. Я умру, а безобразие останется, и от сознания такой несправедливости становится стыдно и горько.

Было бы нечестным кокетством утверждать, что у меня не было удачных ролей в кино или таких работ, о которых я не вспоминала бы с удовольствием. Беда в том, что мои предпочтения не совпадают со зрительскими.

Первый опыт в кино — немой. Уже давно были звуковые картины. Но начинающему Ромму такой роскоши не позволили. Тем более, он экранизировал не героическую эпопею о становлении советской власти, а совершенно буржуазную «Пышку» Мопассана.

Миша Ромм снимал меня по собственному почину.

Дело было так...

Я служила в Камерном у Таирова, но «Патетическую» сняли, а других ролей просто не было. Чем заниматься? Однажды собрала свои фотографии в самых разных ролях, сыгранных в провинции. Толстенная пачка получилась, не меньше фунта весом. Ого, сколько я наиграла! Уже, по крайней мере, объем должен был впечатлить мосфильмовских мэтров, заставить их понять, сколь я разноплановая актриса.

Отправила в Москинокомбинат (так тогда называли «Мосфильм») и стала ждать приглашения сняться в десятке фильмов, не иначе.

Дождалась — актер нашего театра Сергей Гартинский, который снимался на «Мосфильме», чем вызывал у меня чернейшую зависть, протянул завернутый в серую бумагу и перетянутый бечевкой тот самый фунт:

— Не знаю, что это, но просили передать вам со словами, что это никому не нужно.

Все мои роли в провинции оказались на «Мосфильме» никому не нужны. Я сумела не зарыдать, не швырнуть фотографии в мусорное ведро, даже не повеситься. Переживу, без кино как-нибудь переживу...

В кино больше не ходила, слышать о нем не желала и всех работников киноискусства ненавидела лютой ненавистью. Ненавидела долго — две недели. Потом ненависть поутихла, но презрение к кино осталось. Боюсь, на «Мосфильме» об этом даже не догадались.

И вдруг подходит Миша Ромм и говорит, что он начинающий режиссер кино, видел меня на репетиции «Патетической» и просто мечтает снять в роли госпожи Луазо в «Пышке» Ги де Мопассана. От любви до ненависти один шаг, от ненависти до любви тоже. Я шагаю быстро, мгновение — и готова обнимать Ромма со всей дури. Не помню, что именно его спасло от удушения в моих объятьях, но Миша остался жив и даже снял еще уйму фильмов.

Миша выглядел вполне, по-моему: сам щуплый до невозможности, словно нэпманы, чтобы заполнить магазины, отняли еду именно у него, брючки коротковаты, пиджак, наоборот, на пару размеров больше, рукава и низ брюк обтрепаны. Гений! Во всяком случае, из тех, для кого главное голова, а не то, что надето на тело.

Отказать такому не было никакой возможности, тем более сценарий по Мопассану, написанный в целях экономии им самим, был хорош, а я смущена сразу тремя обстоятельствами.

Тем, что взвыла, услышав его фамилию, а он смутился: «Что вы, это другой Ромм, а я пока ничего не сделал!» Мое бодрое заявление «Сделаете!» вызвало у Миши улыбку.

Тем, что он сам предложил сниматься и сказал, что восхищен моими репетициями в «Патетической», понимаете, репетициями, а не самим спектаклем. Это означало, что мальчишка в потрепанном пиджаке пробирался в зал и смотрел.

И самим его видом. Конечно, хорошо одеваться, как Орлова и Александров, я Любовь Петровну обожаю (вот не могу написать «уважала»!) за умение элегантно выглядеть в любую минуту, но сама такого не умею, а потому мне как-то родней мальчики в коротковатых брюках...

Горжусь, что не ошиблась, Ромм талантлив, он даже «Ленина в Октябре» умудрился снять талантливо. И нечего смеяться, это вообще мало кому под силу. Тяжелее всего работать над вот такими фильмами и пьесами.

Но если бы вдруг мне (тьфу-тьфу!) даже Ромм предложил сыграть Крупскую, разосралась бы с ним навеки. Не предложил, хватило ума, остались друзьями.

У Миши хватило ума не пригласить меня на озвучку еще одного фильма: «Обыкновенный фашизм». Он сам слег после этой работы, а своих друзей уберег от инфарктов. Такой материал точно свел бы меня в могилу. Но вот живу...

Для тех, кто не помнит «Пышку», хотя сомневаюсь, что такие найдутся, уж очень у Мопассана колоритный рассказ: две супружеские пары, фабрикант, демократ, две монахини и та самая Элизабет, девица легкого поведения, прозванная Пышкой, едут из Руана в Гавр на дилижансе. Разгар Франко-прусской войны, невольным путешественникам приходится останавливаться в гостинице рядом с прусскими офицерами. Пышка приглянулась одному из них, но ухаживаниям не уступает. Ее «патриотичный» отказ вызывает восторг у попутчиков, однако приводит к неприятным для них последствиям — по распоряжению офицера дилижанс утром не запрягают.

В первый день попутчики, особенно супруга виноторговца Луазо, возмущаются гнусным поведением пруссака.

На второй день возмущаются уже поведением самой Пышки, ну что стоит ей, девице легкого поведения, переспать с офицером, чтобы вся компания могла двинуться дальше? Особенно старается снова Луазо.

На третий день Пышка уступает, лошадей выделяют, но теперь вся компания демонстративно презирает Пышку за «непатриотичный» поступок.

Сюжет прост, характеры довольно узнаваемы.

Ромм предложил мне играть эту самую госпожу Луазо, жену виноторговца. Роль «вкусная». Играть есть что, придумывать тоже.

И начались мучения... Ромм снимал свой первый фильм, потому он был немым, а время для съемок в недостроенных павильонах Москинокомбината в Потылихе выделено сугубо ночное. Сказалось и то, что Миша подбирал актеров сам, приглашал из разных театров, соединить наши графики работы было очень тяжело. Холодно, отопление то ли не смонтировано, то ли не подключено, костюмы сшиты из всякой дряни, например, у меня платье из той же ткани, что и обивка дилижанса. Платье жесткое, как рыцарские латы, и грело примерно так же. Зуб на зуб не попадал, из-за ночных съемок начала мучить бессонница, которая не оставляет и теперь, все не налажено...

И все же мы снимали!

Вот какая я старая — умудрилась сняться даже в немом кино! А ведь верно — снималась в «великом немом», почему-то раньше об этом не задумывалась. Много пишут и говорят о том, что в период немого кино играли слишком экзальтированно, эмоции преувеличены, артикуляция и жестикуляция тоже. А вы попробуйте убрать звук у нынешних фильмов, и окажется, что большей частью игры просто

нет. Актеров, особенно киноактеров, сейчас выручает звук, крупный план, музыка, декорации, все, что угодно, чтобы отвлечь именно от отсутствия игры в кадре.

О театральной игре я уже писала.

«Пышка» была немой.

Главную героиню играла Галина Сергеева, которую пригласили именно из-за фигуры и бюста. Галина потом в кино почти не снималась, хотя в театре играла много и хорошо. Кинематограф не нашел ролей, достойных ее бюста, для ролей передовых доярок или ткачих этакая выступающая часть фигуры оказалась ненадобна, даже неудобна. Трактористы в кадре не туда сворачивали, коровы теряли молоко от зависти, а председатели колхозов, бросая передовые хозяйства, уходили в осветители сцены. Кажется, первой фразой, которую я произнесла, увидев такое роскошество в декольте, было: «Не имей сто друзей, а имей двух грудей». Я не помню, но свидетели запомнили.

Галина играла совсем молоденькой, ей и двадцати не было, я со своими почти сорока чувствовала себя старухой, а оттого распекать ее, красивую и молодую, было легче. Мы снимались вместе с Ниной Сухоцкой, племянницей Алисы Коонен, которая играла одну из монахинь. Обидно, но большеглазая красавица и умница Ниночка привлекала мужчин куда меньше богатого декольте Галины. Ладно бы у Сергеевой ценили талант, а то ведь грудь, ей и награду дали на следующий год после «Пышки», чтобы иметь возможность лично на этот бюст водрузить. А ведь актриса хорошая, жаль, что грудь заслонила талант.

В немом кино не молчат, звука нет только с экрана, и либо актеры должны так артикулировать, чтобы было понятно по движению губ, либо играть лицом и всем телом,

чтобы у зрителей не было необходимости следить за губами. А что, если соединить то и другое?

Не помню, как мне пришло в голову взять текст «Пышки» на французском, но я мгновенно поняла, что говорить надо на языке оригинала.

— Миша, можно я буду отчитывать Пышку по-французски?

Ромм только плечами пожал:

— Пожалуйста.

И правда, получилось куда лучше. Материться надо на языке оригинала. Когда Галина соображала, что именно я ей говорю, у нее появлялось растерянное выражение лица, это вполне соответствовало рисунку роли. Ромм был в восторге.

Но в еще больший восторг пришел Ромен Роллан, когда смотрел фильм у Горького на даче. Прочитав по моим губам французский аналог слова «б...», он, говорят, даже подскочил на стуле от восторга.

Снимали долго, очень долго, актеры больше маялись между дублями, чем работали в кадре. Холодно, темно, нельзя спать, в костюме неудобно... а еще серо, сыро, неуютно. После чистого и яркого помещения театра особенно неприглядно. У всех участников съемки очень мало именно киношного опыта, многое получалось не с первого раза...

Мы с Михаилом рассорились в пух и прах, но он талантливый, безумно талантливый и доброжелательный, замечательный. Очень жалко, что Ромм потратил годы и силы на создание таких революционных шедевров, как «Ленин в Октябре» и пр., когда мог бы заниматься классикой. Но... видно, даже для гениев силен зов фанфар и рукоплесканий. А может, иначе просто нельзя, ведь существовал же список режиссеров, которым дозволялось снимать кино.

Еще я снималась у Ромма в «Мечте». У этого фильма странная судьба, он остался незамеченным, и в том вина не Ромма, не моя и даже не партийных бонз — времени. Так бывает. Потом расскажу обязательно.

Актеры, снимавшиеся в «Пышке», работали практически круглосуточно, имея по утрам репетиции, вечером спектакли, а ночью съемки. С одной стороны, я была в лучшем положении, репетиции «Патетической сонаты» закончились, а потом ее и вовсе сняли из репертуара за безыдейность, других ролей Таиров для меня не нашел, потому я могла хотя бы днем отсыпаться.

С другой стороны, это куда тяжелее — видеть и знать, что остальные приходят на площадку после спектаклей, а ты снова не у дел.

Кто бы знал, как это трудно — быть не у дел! Лучше работать круглые сутки, валясь от усталости, забывать слова роли, потому что приходится играть их десятками, выкладываться до дрожи в коленях, чем сидеть и ждать... Ходить на репетиции только ради учебы, смотреть спектакли своего и чужих театров, имея возможность только прикидывать, как сама сыграла бы эту роль. Это худшее для актрисы — проигрывать роли только мысленно, так и не сыграв их на сцене, а ведь мне еще не было сорока, прекрасный возраст, когда уже есть опыт и понимание жизни, а приложить это все не к чему!

Но и в кино оказалось очень трудно, нет, не столько физически, хотя, конечно, ночные смены утомительны и ненормальны, холод, неустроенность, долгие съемки — снимали восемь месяцев — раздражали, выматывали. И все же куда больше выматывала невозможность по-настоящему играть.

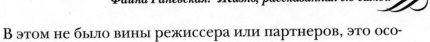

В этом не было вины режиссера или партнеров, это особенности кино.

Если я настроилась на роль перед спектаклем, я в ней живу «без остановок» задолго до выхода на сцену и еще долго после поклонов.

На съемочной площадке тебе вместо партнера могут вообще подсунуть камеру и потребовать играть на нее. И называлось-то это как — подворовывать! Боже мой, я должна подворовывать! Уже одно это название могло отбить всякую охоту.

Сняли «Пышку», которая настолько понравилась Ромену Роллану, что тот разрекламировал ее во Франции, фильм закупили, Ромм стал популярен.

Он говорил, что я его добрый ангел, потому что Роллану в первую очередь понравилась моя игра. Я не против, но мы с Ниной Сухоцкой были так вымотаны ночными съемками и самой «рваной» работой, когда не чувствуешь, что получится в конце, что, отправившись на Воробьевы горы и нажаловавшись там друг дружке вдоволь, дали торжественную клятву в кино больше ни ногой!

Не выполнили обе.

Игорь Савченко входил в число режиссеров, которым разрешили снимать кино. С Савченко мы с удовольствием работали в Баку. Он позвонил со странным предложением:

— Хочу, чтобы вы снялись в моем фильме «Дума про казака Голоту».

— Кого играть, казака или думу?

— Не знаю, но в сценарии есть колоритный попик, если согласитесь, мы из него сделаем попадью.

— Я креститься не умею.

— Там не нужно.

Приехала, посмотрела, предложили в качестве пробы пройтись в костюме попадьи по комнате, в которой напичкано всякой домашней живности.

— А текст? Что говорить-то?

— А что хотите. Это ваше хозяйство, поговорите с живностью.

Это можно. Я вошла и принялась проводить ревизию.

Птичкам:

— Рыбки вы мои золотые, все не сидите спокойно, все щебечете...

Поросятам в углу (воняло, кстати, как в свинарнике, но поросятки были такие симпатичные, розовые, что о вони забылось):

— Детки вы мои дорогие! Детки вы мои милые!

Съемочная группа покатывалась со смеху, а я все сюсюкала с поросятами.

Но это хорошо на пробах или на репетиции, я себя знала, как только прозвучит команда «Мотор!», начну заикаться и трястись, либо вовсе встану столбом.

Услышав мои вздохи, Савченко рассмеялся:

— А больше ничего не нужно, мне вполне достаточно отснятого материала, вы прекрасно сыграли свою попадью.

Это была самая короткая и самая легкая моя съемка в кино.

Сам фильм прошел почти не замеченным.

А мне предстояла самая известная (увы!) роль — Ляля в «Подкидыше».

До этого я отмучилась в «Человеке в футляре» и в «Ошибке инженера Кочина». Эта «Ошибка...» точно была ошибкой.

В такой чуши мне играть еще не приходилось даже в театрах во времена Гражданской войны. Впору дать новую клятву не приближаться к кино. Идиотская история, идиотская роль, а еще хуже, что при «подворовывании» вместо партнера на экране может оказаться что угодно и кто угодно.

Следуя требованию режиссера, я остановилась у двери, приветственно разведя руки и счастливо улыбаясь. На экране оказалось, что я радостно встречаю энкавэдэшников! Вот вам «подворовывание». Никогда не подворовывайте и не воруйте, себе дороже.

От «Подкидыша» я не ожидала никакого подвоха. Был веселый, легкий сценарий, написанный Риной Зеленой и Агнией Барто, не обремененный моралью, без решения производственных задач, без трудовых подвигов и героизма. Просто комедия о том, как девочку, оставшуюся без присмотра и удравшую в результате из дома гулять по Москве, последовательно пытаются удочерить разные взрослые.

Одну такую эрзац-мамашу Лелю играла я. Леля — крупная дама с командным голосом и тоном, муж которой Муля под каблуком своей супруги. Фраза «Муля, не нервируй меня!» родилась случайно и стала коронной не только в фильме, но и моей на долгие годы. Вообще фраз куда более умных и удачных в фильме было много. «Товарищ милиционер, что же это делается, наезжают на совершенно живых людей!» «Наташенька, чего ты хочешь: чтобы тебе оторвали голову или ехать на дачу?»

Но запомнился проклятый Муля, причем мало кто понимал, что Муля — имя мужа героини, а не самой героини. Женщину звали Ляля, но мне вслед кричали «Муля!».

Этот Муля преследует меня по сей день.

Я успела поработать с Пырьевым в фильме «Любимая девушка» и дать себе зарок (обошлась без клятв), что никогда больше к этому любителю унижать актеров не подойду, какие бы роли он мне ни предлагал.

Но он и не предлагал.

Возможно, я бы бросила кино совсем, но Мише Ромму отказать невозможно. Тем более после прочтения сценария «Мечты».

У этого фильма странная судьба, именно судьба, иначе не назовешь.

Ромм задумал его, побывав в творческой командировке в Западной Белоруссии, только что присоединенной к Советскому Союзу. Он рассказывал, что увидел там совсем другую, отличную от нашей жизнь и психологию, которая уже не существовала на просторах победившей советской власти. Евгений Габрилович написал по его впечатлениям сценарий, наверху одобрили, фильм должен был получиться пропагандистским, но все слишком хорошо и глубоко для таких мелочных целей.

Ромм рассказывал, что сразу имел в виду меня в качестве исполнительницы главной роли — Розы Скороход. Мадам Скороход — типичная еврейская мама, владелица меблированных комнат и небольшой лавочки. Это Васса Железнова, дожившая до наших дней, но более мелочная, а потому более циничная и наглая. Но образ неоднозначен, ведь она любящая мать, искренне желающая своему сыну счастья. Но счастья такого, каким она сама его понимает.

Для меня была важна не столько борьба старого и нового, сколько судьба матери, сын которой вовсе не желает принимать ее принципы и заготовленное для него счастье.

Позже я снова пришла к этой проблеме — родителей и детей — в спектакле «Дальше — тишина», но это уже в старости.

Фильм был снят и прошел озвучание. В восемь утра... 22 июня 1941 года после ночной смены его закончили и сделали несколько копий для премьеры.

Премьера состоялась в сентябре под вой сирен воздушной тревоги в небольшом клубе. Сам фильм вышел на экраны в 1943 году, потому что в 1941-м показывать кадры, как Западную Украину освобождает Красная Армия, было просто нелепо.

Фильм очень хорошо приняли... американцы, те, кому довелось его посмотреть. Посол Советского Союза устроил показ для избранных, в числе которых были Теодор Драйзер, Чарли Чаплин, Мэри Пикфорд, Поль Робсон, Рокуэлл Кент, Михаил Чехов...

Многие ли видели фильм в Советском Союзе? Не думаю. Среди тех, кто кричит мне вслед «Муля!», едва ли найдется десяток видевших «Мечту» и знающих, кто такая Роза Скороход.

Самый мой удачный и серьезный фильм остался незамеченным. Что тому виной — время, судьба, несоответствие моменту?

Снова та же истина: классика вечна, она вне времени, а попытка поставить фильм «на тему» дает ему мало шансов на успех. Не получилась премьера вовремя, и фильм забыли. А жаль, очень жалко, что так произошло.

Мне, и не только мне, было безумно жаль, что «Мечту» не оценили на Родине. Меня продолжали дразнить Мулей, а об этом фильме никто и не подозревал.

В эвакуации я могла сниматься в очень важной роли Ефросиньи Старицкой в «Иване Грозном» у Эйзенштейна.

Эйзенштейну, фильм которого «Александр Невский» очень понравился Сталину, в Алма-Ате были созданы все условия, даны деньги и выделен целый клуб для съемок. Эйзенштейн пригласил меня в Алма-Ату на пробы. Одновременно его помощник, тогда еще совсем молодой Эльдар Рязанов, снял Серафиму Бирман.

Мне очень хотелось играть эту роль, очень. Но Большаков (был этакий министр кинематографии в те годы) решил, что семитские черты Раневской слишком бросаются в глаза для того, чтобы она могла играть русскую княгиню. Семитские черты Серафимы Бирман бросались, вероятно, меньше.

Подозреваю, что, узнав мнение начальства, Эйзенштейн не слишком сопротивлялся, все же Серафима Бирман слыла весьма яркой и характерной актрисой. Работалось им тяжело, объяснялись в письменной форме. Бирман сыграла хорошо, а я долго обижаться на Эйзенштейна не смогла, услышав объяснения, поверила им, предпочла поверить, хотя в сердцах и пообещала, что лучше буду торговать кожей с собственной ж...пы, чем пойду сниматься у этого предателя!

Эйзенштейн в долгу не остался, прислал телеграмму: «Как идет торговля?»

В качестве компенсации за большую потерю я получила несколько мелких, как всегда, эпизодических ролей. И снова, в который уже раз, эпизод заслонял собой фильм. И снова на меня косились.

Таперша в фильме «Александр Пархоменко». Задача была простой: сыграть на пианино и спеть кусочек романса. Никита Богословский нарочно написал этот романс:

> И летят, и кружат пожелтевшие листья березы,
> И одна я грущу, приходи и меня пожалей...

Разве можно просто сесть и спеть? А игра, а образ?

Томная таперша не просто пела, сначала она делала это, не вынимая папиросы из уголка рта, потом и вовсе закусывая между строчками. По ходу с кем-то по-приятельски здоровалась, только что не ходила в туалет... и это все не прерывая пения. Самое удивительное, что романс слышался!

Меня нередко просили спеть этот романс.

С Анненским мы делали сразу после возвращения из эвакуации совершенно очаровательную «Свадьбу» Чехова.

Он разыскал нас, оголодавших, тощих, как облезлые кошки, но жаждущих работать, в военной Москве, собрал, чтобы в страшной спешке по ночам в неимоверно тяжелых условиях снять фильм, ставший любимым у зрителей.

Днем в студии работали документалисты, их труд был важнее, потому для нас оставались ночи. С потолка капало, отовсюду дуло, костюмерной не было, переодеваться приходилось дома, гримироваться где попало, но мы все равно играли! Машину чаще всего не давали, либо для нее не выделяли бензин, и нам приходилось после съемок ранним утром в нарядах девятнадцатого века и в гриме возвращаться домой, пугая постовых милиционеров странным внешним видом и буйным весельем.

Мулю в наряде мамаши невесты из фильма узнавали не сразу, если вообще узнавали, потому что приклеенный нос менял лицо довольно сильно.

— Больше всего на свете я люблю статных мужчин, пирог с яблоками и имя Роланд.

— А тигры в Греции есть?

— Есть, в Греции все есть!

— Они хотят свою образованность показать и всегда говорят о непонятном.

Это я, кстати, заявила милиционеру, пытавшемуся угомонить нас, когда Осип Наумович Абдулов, игравший того самого грека, прямо в гриме посреди утренней Москвы принялся с диким выражением лица и такими же интонациями рассказывать мне на тарабарском языке историю от имени своего персонажа. Чуть не угодили в отделение милиции...

Потом была еще «Весна» и роль Маргариты Львовны. Сниматься у всесильного Александрова рядом с Любовью Орловой значило почувствовать вкус особого положения.

С Любой мы уже встречались на съемочной площадке, а после «Весны» подружились основательно. Потом играли до самой ее смерти в Театре Моссовета. Они ушли из жизни один за другим — Орлова, Завадский и Марецкая. А я все жива.

Фраза о том, что красота — страшная сила, стала любимой и неимоверно цитируемой.

У Александрова сниматься хорошо, не то что у Пырьева. Условия идеальные, режиссер позволил сделать роль Маргариты Львовны по своему усмотрению, в результате она разрослась из одного эпизода в несколько.

Снимали в Праге на аппаратуре их студии, где условия разительно отличались от московских сорок третьего года, потому что «Мосфильм» еще не полностью вернулся из эвакуации.

Вообще, фильм глупый, потому что глупа сама задумка. Но сниматься в нем рвалась такая толпа желающих, что «Весна» приобрела вес еще до начала съемок. Кто уж из них двоих — Орлова или Александров — решил пригласить меня и позволить создать роль самой, не знаю.

Ирина Вульф была помощницей режиссера по работе с актерами.

Если вы полагаете, что она работала со всеми актерами или что вообще работали со всеми, то ошибаетесь. Ира была приставлена персонально к Орловой и мне. Работалось хорошо, после эвакуации и военной Москвы сытно и даже весело.

У Орловой и Александрова удивительная способность пользоваться благами. Это важная способность. Конечно, Любовь Петровна была актрисой № 1 Советского Союза, а Григорий Александров режиссером № 1, но разве мало перепадало тем, кто № 2? Они тоже были обласканы и осыпаны милостями.

Однако красиво жить умела только эта пара. Сталин прав, только их и можно было выпускать за границу представлять советское кино. Это ни в коем случае не означает, что их фильмы лучшие, хотя они были любимыми, просто Орлова лучше других умела подхватить модные веянья, элегантно выглядеть, соответствовать моде, имела свой стиль.

Злые языки немало твердили, что она просто повторяет Марлен Дитрих, а рядом с немкой сильно проигрывает. Возможно, но ведь Марлен Дитрих в Советском Союзе очень мало кто видел, и если Орлова была отражением Дитрих внешне, то пусть себе, а вот душевной она была по-русски.

Те, кто попадал в орбиту этой пары, чувствовали себя небожителями. И дело не в лучших условиях, которые им создавались, сама атмосфера была несколько иной.

Александров был требователен и мог переснимать одну и ту же сцену много раз, Орлова никогда не только не капризничала, но терпеливо снималась. В «Весне» одну сцену с Любовь Петровной, лежащей на постели, снимали несколько часов. Любая другая актриса давно возмутилась бы и потребовала отдыха, Орлова терпеливо оставалась в одной позе часами.

Видя, как много требует Александров от супруги, остальные просто не могли возражать.

Но дело не только в этом, требовать можно по-разному. Я снималась у Пырьева, входящего в список №2. Возможностей у него и Ладыниной было хоть отбавляй, и к элите они относились тоже.

Пырьев требовал, но как!

Вера Васильева с восторгом вспоминала, как на первой пробе к «Сказанию о Земле Сибирской» режиссер подошел к ней, словно к неодушевленному предмету, и вложил в декольте два принесенных ассистентками чулка, чтобы сымитировать грудь.

Вот в этом весь Пырьев, для него актеры неодушевленные предметы. Я даже объявила, что мне нужен антипырьин, так он меня довел.

Фильмы Александрова и Орловой постоянно направляли на разные фестивали, а они сами представляли советское кино, это не могло не сказаться на манере поведения и внешнем виде блестящей пары, Любовь Петровна была образцом элегантности для всех советских женщин, и, кстати, справедливо.

«Весну», о которой, как о фильме, сказать в общем-то нечего, тоже отправили в Венецию, а потом по всей Европе с показами. В послевоенную все еще голодную Москву приходили радостные письма Орловой из уже блестящей Европы. Европа пришла в себя быстро, раны затянулись, жизнь наладилась.

О моей роли Маргариты Львовны сказать тоже нечего. Конечно, были находки:

— Я возьму с собой «Идиота», чтобы не скучать в троллейбусе...

— Красота — страшная сила...

Но все это не могло компенсировать пустоты самого основания картины. Снимали просто красивый фильм, чтобы он был.

Дома «Весне» от критиков досталось сполна. Удивительно, что фильмы Александрова нравились Хозяину и простой публике, а вот критикам не нравились совсем. Пресса много и справедливо писала о пустоте этих картин, а простые граждане смотрели эти пустые фильмы по несколько раз и знали из них почти каждое слово.

А потом была изумительная, счастливейшая и искрометная «Золушка». Удивительно, сейчас самой не верится, что можно было работать так счастливо с Надеждой Кошеверовой. Позже мы с ней испортили все, что можно было испортить, в нескольких фильмах, но «Золушка» удалась! Жеймо, Гарин, Меркурьев... что за подбор актеров! До войны «Золушку» на советский, социалистический лад пытался переиграть Александров, конечно, с Любовью Орловой в главной роли. Сталину это буржуазное название для советского фильма не понравилось, он предложил

свое — «Светлый путь». Конечно, мнение вождя оказалось решающим, вернее, никто не посмел не восхититься его прозорливостью и гениальностью.

Мы ставили «Золушку» безо всяких героико-производственных поползновений, как сказку, просто добавив красок в характеры.

Сначала для «Золушки» выбрали Янину Жеймо, собственно, сам фильм задумывался под нее. А когда у Шварца был готов черновой вариант сценария, сразу решили, что Мачеха — это я.

Гарина вместо себя предложил Осип Абдулов, и прекрасно сделал, потому что Король получился просто идеальный, с его обидами и обещанием уйти в монастырь, с его беззащитностью и страхом перед Мачехой с ее сильными связями. Король боится противной бабы только потому, что у той всемогущие связи!

Начальство не было довольно Меркурьевым в роли мужа-подкаблучника, мол, актеру с таким опытом игры передовиков и героев не к лицу изображать бесхребетного Лесничего. Отстояли, прекрасный получился Лесничий.

И так во всем.

Мы жили этой сказкой, купались в ней, не хотелось уходить со съемочной площадки.

Шварц позволил мне дописывать роль, чем я привычно и занялась.

Янина Жеймо была совершенно очаровательной Золушкой, настоящей, даже мы, знавшие о ее реальном возрасте, верили, что перед нами юная девушка, обиженная злой мачехой. Она играла в фильме лучше всех нас!

У Шварца почти все прописано прекрасно. То, что у Мачехи главное оружие — ее связи, мне понравилось до безумия. Ну и что, что она из сказки, сама сказка получилась такой современной, что не верилось, что Лесничий со своей семьей, Король с Принцем и прочие живут не в соседнем дворе, а только в сказке.

Мачеха — вполне узнаваемая соседка, которая держит мужа под каблуком, способна поссориться с соседями («это я умею!»), но главное, обладающая связями, которые способны помочь даже записать ее и ее уродливых дочерей в Книгу первых красавиц королевства.

Киношное начальство обвиняло меня в том, что Мачеха получилась неоднозначной. Разве можно, чтобы отрицательный персонаж вызывал смех! Она должна вызывать ненависть.

Зачем? Почему она должна вызывать ненависть? Не лучше ли, если она будет прекрасно узнаваема, но вызывать будет действительно смех, насмешку, жалость? Иногда лучше обличать ханжество, мещанство, любые недостойные черты не гневом, а смехом, не ненавистью, а презрением.

Кто боится эту бой-бабу? Разве что Лесничий да Король, но никак не зрители, которые прекрасно видят все ее слабые стороны, ее уловки и хитрости.

Янина прекрасная партнерша, она хорошо чувствует отклик, не просто произносит требуемые ролью слова, но и вынуждает произносить недостающее.

Пример.

Идет примерка туфельки. Уже ясно, что ни самой Мачехе, ни ее дочкам туфелька не подойдет. Но ведь Золушка может все, даже надеть маленькую туфельку на большую ногу. Значит, надо заставить ее сделать это.

Сначала приказ:

— Золушка, надень туфельку... Анне.

Мачеха на мгновение только задумывается, кому именно, старшей или младшей из дочерей.

Но Золушка вовсе не намерена делать это.

Следуют льстивые уговоры:

— Золушка, ну ты же хорошая...

Никакого результата. Приходится угрожать. Но чем?

Шварц считал, что достаточно просто приказа, девочка
послушная, побежит выполнять. Янина Жеймо сопротивлялась, объясняя, что нет, нужно добавить еще что-то.

Начинаем съемку, реплики так и нет, как нет разреше-
ния на нее.

Я уговариваю, Золушка молчит, требую, она молчит,
хотя уже должна бы выполнять. Жеймо прекрасно вошла
в роль, она внутренне сопротивляется, я просто чувствую
это. Чем можно сломать сопротивление строптивой девчонки? Только угрозой отцу!

— А то я выброшу твоего отца из дома...

Янина вынудила меня добавить фразу, которую не желал
дописывать Шварц.

Сам автор услышал это и с удовольствием продолжил:

— Фаина Георгиевна, еще добавьте «...и сгною его под
забором».

Вот что бывает, если человек не играет роль, а живет
ею. Янина Жеймо жила Золушку, ее девочка не могла просто так подчиниться.

Обожаю таких актеров, которые вынуждают откликать-
ся всем существом! Как жаль, что они редко встречаются.

Надежда Кошеверова, которая была режиссером фильма, молодец, все, что нужно, выбила, на площадке почти не

мешала, к репликам или жестам не придиралась... Позволяла творить в разумных пределах. Результат радует сколько лет!

Обидно, что позже Надежда умудрилась испортить не только фильмы, но и сами отношения со многими, в первую очередь со мной.

Я еще снималась у нее в «Осторожно, бабушка!». И роль никакая, и фильм дурной.

Поссорились. Прошло время, и вдруг...

Хуже всего кинодеятели, считающие актеров разменной монетой своих амбиций.

Дом отдыха в Комарово мы все очень любили, казалось, где и отдохнуть измученной душе, как не там. Все хорошо, даже толпа немного знакомых, а то и вовсе незнакомых, но возжелавших познакомиться, пока не доводила до белого каления. Довела одна крайне неприятная особа.

Появилась всклокоченная дама с полусумасшедшим взором и выражением лица «ага, попалась!». Сначала я с испугом подумала, что это сбежавшая из психиатрической лечебницы поклонница Мули, сейчас начнет приставать с восторгами. Но рядом с дамой администратор-киношник, более вменяемого вида. Вдвоем из психлечебницы едва ли бегают, значит, медицина ненормальными не признала.

Однако дама сверхэкзальтированна и столь же уверена в себе.

Оказывается, я должна (!) немедленно ехать с ними на какие-то съемки. Я пытаюсь вспомнить о подобном уговоре с кем-либо и не могу. Решаю, что совсем плохо, если память так подводит. Осторожно интересуюсь, с кем и когда я мог-

ла договориться об участии в съемках, и слышу в ответ то, что вводит меня во временный ступор.

С другой стороны, это облегчение — из нас двоих не вполне нормальна она, а не я.

Я ни с кем не договаривалась, просто эта ассистентка привезла мне некий шедевр и настоятельно требовала, чтобы я немедленно, просто через полчаса помчалась с ней на съемки этого чуда киношной мысли.

Положение дурацкое. Как объяснить человеку, что прошли те времена, когда я хваталась за всякую работу, не потому, что стала лучше играть или уже народная артистка, а потому, что в возрасте, что мне на отдых пора, а не задрав хвост мчаться на любые съемки?

Попыталась отговориться дежурными фразами, мол, сценария не видела, о роли ничего не знаю, потому никакого разговора о съемках быть не может. Уважая ее настойчивость и даже бесцеремонность, попросила дать почитать сценарий, мол, прочту на досуге и скажу свое мнение.

Не тут-то было, дама продолжала наседать, обещая «все рассказать по пути» и о сценарии, и о моей роли. Твердо осознав, что она не в себе и что зря я вообще начала разговор, напомнила уже жестко, что нахожусь на отдыхе и не намерена участвовать в каких-либо съемках. Понятия чужого отдыха для этой особы не существовало вообще, она продолжала наседать, причем с каждой минутой все настойчивей и громче.

Со всех сторон уже послышались смешки, все же вестибюль дома отдыха в Комарово не самое лучшее место для громкого выяснения вопросов. Эта сумасшедшая принялась упрекать меня в лучших, вернее, худших традициях производственных собраний в наплевательском отно-

шении к студии, ко всем, кто задействован в фильме, ко всем, кто так старается создать шедевр, в то время как я... Никакие попытки урезонить напоминанием, что я не давала согласия на съемки и до нынешнего дня вообще ни о чем не подозревала, не помогали. Пришлось отвечать резко.

Стоит ли говорить о том, что окружающие уже внимательно прислушивались и даже начали высказывать свое мнение, кто за меня, а кто и против, мол, что эта Раневская себе цену набивает. Ужасное положение: согласиться — значило признать себя продажной девкой, которой можно, свалившись на голову, приказать немедленно мчаться на съемочную площадку задрав хвост. Я вообще очень осторожно соглашаюсь на роли, сначала должна внимательно изучить текст, прикинуть, смогу ли, по мне ли, понимаю ли, как играть... А тут вот так вот...

Но еще ужасней я себя почувствовала, услышав, кто снимает фильм — Надежда Кошеверова! После «Золушки», в которой я просто купалась, мы с Надеждой подружились. Но потом был фильм «Осторожно, бабушка!», пустой, откровенно провальный, который я возненавидела тем более, получив после фильма звание народной артистки СССР. Этот фильм рассорил нас с Кошеверовой. Я чувствовала себя мерзко и потому, что фильм не удался, и потому, что получила за него награду.

Вдвойне ужасно услышать, что Кошеверова не приехала предлагать мне неожиданные съемки сама, а прислала эту сумасшедшую, просто не ведающую, что такое такт и приличия, не говоря уже об уважении к пожилому человеку.

В запале я выкрикнула что-то вроде: «Пусть сама и приезжает!»

Парламентерша отбыла, а я осталась в состоянии тихой истерики. Никогда еще меня так не унижали, никогда так не оскорбляли. Получалось, что все, что я успела и смогла сделать на сцене и на экране, ничего не стоит, мне можно подослать вот такую бешеную, позволяющую себе на меня орать, еще и в присутствии стольких «доброжелателей». Дом отдыха на несколько дней превратился в клуб по обсуждению «зазнавшейся Раневской».

Ах, я зазналась?! Вы еще не видели, как я умею зазнаваться!

Надежда Кошеверова притащилась уговаривать меня сниматься в картине.

Второй шок я испытала, когда услышала о самой роли. Директор цирка, обожающая животных. Хуже было только предложить роль секретаря парткома ткацкой фабрики или передовой доярки. Я люблю цирк, но только не дрессированных животных! Мне их неимоверно жалко, не могу смотреть, когда зверя заставляют выделывать то, чего он никак делать не должен. Как этого добиваются, ведь тигра не уговоришь прыгать через огонь, можно только заставить. Свободное, красивое животное силой заставляют превращаться в послушную кошку. Бр-р...

Как сказать об этом Кошеверовой? Если скажу, что не могу общаться с цирковыми животными, потому что мне их до слез жалко, решит, что я невменяема не меньше ее ассистентки или что это сентиментальные капризы старой дуры. И я начала капризничать иначе. Потребовала себе двойную оплату и массу совершенно неприемлемых удобств.

У Надежды глаза полезли на лоб, она ведь помнила меня еще по «Золушке». Это был незабываемый спектакль, я по-

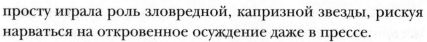

просту играла роль зловредной, капризной звезды, рискуя нарваться на откровенное осуждение даже в прессе.

Если вам нужно вынудить кого-то отказаться от неприятных планов по вашему поводу, выставьте неприемлемые требования. Казалось бы, все так просто. А чтобы было наверняка, утрируйте все до неприличия. Наговорив, вернее, натребовав с три короба, я отправилась отдыхать с чувством глубокого удовлетворения — уж на такие условия студия не пойдет ни за что. Спала всю ночь как младенец, будучи твердо уверена, что завтра Надежду уже не увижу.

В чувстве злорадства есть своя прелесть, особенно если выход из дурацкого положения найден не сразу. Но я зря радовалась, Кошеверова никуда не делась. Почему Надежде понадобилась на эту роль именно я, не знаю, наверное, ее писали под меня.

Это крайне редкий случай, когда именно для меня что-то создали, кстати, эта ненормальная с бешеным взором и вопиющей невоспитанностью оказалась права, роль прописана хорошо. Сценаристы — Юлий Дунский и Валерий Фрид, недавно выпустившие «Семь нянек», а потом написавшие много прекрасных сценариев, например, «Старую, старую сказку» или «Служили два товарища». И текст был приемлемый, и режиссер видел, что именно я должна создать в результате, а не просто водил в воздухе рукой: «Сыграйте что-нибудь...»

И при этом полное нежелание играть. Почему? Вовсе не потому, что не люблю дрессированных животных, это можно было бы как-то обойти. И не из вредности. Это яркий пример того, что клубника хороша только под сметаной, но никак не г...ном. И бочку меда можно испортить не только

ложкой дегтя, но и г...ном тоже. Сделать для меня роль и все испоганить нелепой попыткой меня в нее загнать.

Кошеверова продолжила атаку на мои позиции, а я продолжила кочевряжиться. И чем больше она давила, тем нелепей и бессмысленней становились мои требования. Например, отдельное купе только в середине вагона!

Подписала ведь, со всеми моими сумасшедшими требованиями подписала договор! Я сдалась, тоже поставив свою подпись. Конечно, немыслимые условия стали достоянием гласности, особенно возмущала всех выделенная мне «Волга», номер в «Европейской» с видом на Русский музей и двойная оплата.

Я потребовала максимально много, максимально и получила, только совсем не того, что требовала. Подписали все, не выполнили и половины. Но дело не в оплате, я давно уже перестала интересоваться деньгами, тратить все равно не на что. Никакой двойной оплаты не получилось, на студии прекрасно понимали, что Раневская требовать не придет. «Волгу» мне выделили после того, как я заявила, что в меньшей машине у меня зад волочится по асфальту. А с «Европейской» и номером с видом на площадь Искусств получился конфуз.

Номер я выбирала сама, потому придраться было не к кому. Естественно, ко мне вечером заходили ленинградские знакомые, и мы весьма неосторожно рассуждали на темы нынешнего житья-бытья. Нелицеприятные суждения, критика и прочее... И вдруг дирекция едва не со слезами на глазах просит переселиться в другой, не менее шикарный номер. На вопрос «почему?» мнутся, но объясняют: этот с прослушкой, должен приехать какой-то иностранец, очень нужно его послушать...

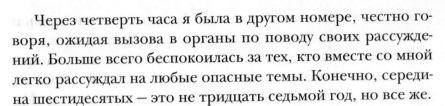

Через четверть часа я была в другом номере, честно говоря, ожидая вызова в органы по поводу своих рассуждений. Больше всего беспокоилась за тех, кто вместе со мной легко рассуждал на любые опасные темы. Конечно, середина шестидесятых — это не тридцать седьмой год, но все же.

Не знаю, поселили ли в том номере иностранца или это просто была попытка выселить меня саму подальше от чужих ушей, но урок я получила хороший — не все, что выходит окнами на Русский музей или Невский проспект, в действительности столь заманчиво.

Со зверьем оказалось еще сложнее, чем с администрацией гостиницы или подслушивающими органами. Стоило подойти к клетке со львом, как плакать пришлось не от жалости к угнетенному животному, а от... вони. Лев умудрился прямо у нас на виду навалить огромную вонючую кучу, тем самым откровенно продемонстрировав, насколько ему нас...ть на какую-то там народную артистку СССР.

Этот фильм стал последней каплей, на сей раз данное слово близко не подходить к киностудии я выполнила.

Нет, я еще озвучивала фрекен Бокк в «Карлсон возвращается». Очаровательная работа с Ливановым, чьим голосом говорил Карлсон. Домомучительница — это по мне, это мое. А уж соседство у микрофона с Ливановым и вовсе счастье. Мальчишка, лет тридцать — тридцать пять, не больше, но какое чувство роли! Зову Василием Борисовичем для солидности, а самой так и хочется сказать: «Мальчик мой...».

Я всех, кого люблю, зову мальчиками — от Станиславского до... своего обожаемого верного пса. И точно знаю, что Константин Сергеевич не обиделся бы, загляни он хоть разок в глаза моей собаке.

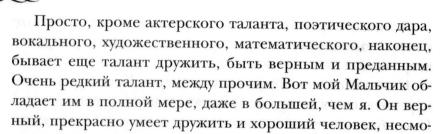

Просто, кроме актерского таланта, поэтического дара, вокального, художественного, математического, наконец, бывает еще талант дружить, быть верным и преданным. Очень редкий талант, между прочим. Вот мой Мальчик обладает им в полной мере, даже в большей, чем я. Он верный, прекрасно умеет дружить и хороший человек, несмотря на то что собака.

Я знала много хороших людей, умеющих дружить, но, к сожалению, пережила их всех. Вот у Ливанова глаза человека, дружить умеющего. У него даже откровенный бездельник Карлсон получался таким, что хотелось полетать над крышами.

В таком кино я бы с удовольствием поучаствовала еще, но... больше не приглашали.

Хуже кино только телевидение.

Как все-таки у нас заболтали некоторые слова.

«Телевидение несет культуру в массы, преследуя благородную цель просвещения».

Когда я слышу о том, что искусство преследует благородные цели, очень хочется сказать:

— Оставьте уже благородные цели в покое, сколько можно их преследовать?! Загоняли совсем.

Остается только пожалеть культуру, массы и цели, причем неизвестно, что больше.

Спрашивала у Глеба, как писать мемуары. Он сказал:

— Пишите, что хотите, просто записывайте мысли и воспоминания, потом обработаем.

Может, так и надо, просто писать?..

Я много с кем была знакома и знакома сейчас, много с кем служила вместе, даже дружила, воевала или просто встречалась.

Но мне хотелось бы не этого. Что толку от того, что я перечислю всех актеров Камерного или Театра Моссовета? Подробно опишу каждую стычку с Завадским? Расскажу, как познакомилась с Алисой Коонен или Таировым? Или об Орловой и Александрове?

Интересно, конечно, но это могут рассказать и другие.

Я уже пыталась, даже записывала, рассказывала о своей жизни. И сейчас рассказываю.

Но ведь для меня самой интересней не это.

Мне важней донести до следующих за мной мысли о театре, о том, как жить ролью, донести то, что я сама узнала от Павлы Леонтьевны Вульф, что увидела у тех, кто царил на сцене до изобретения кино, о ком остались только воспоминания и фотографии.

Даже если великие написали о себе сами, если они постарались рассказать о том, каким должен быть театр, может, и моя малая толика помогла бы нынешним и будущим актерам?

Но я сама училась только у Павлы Леонтьевны и на собственном опыте, я не имею права писать актерские наставления. Зато имею право высказать собственные мысли по этому поводу.

РОЛИ

Я умру недооцененной, недоигравшей.

Однажды услышала, как дама прошептала своему спутнику:

— Как не стыдно так говорить Раневской, у которой есть все, даже любовь власти и зрителей.

Подмечено точно: любовь власти и зрителей, только я бы переставила: зрителей и власти. Наград и милостей у меня хватает, как и популярности. Только это не то.

Сталинские премии получены за роли, которые я сама считаю пустыми, всенародная популярность пришла после дурацкой фразы о Муле. Даже если бы дорога от театра к моему дому была выстлана красной ковровой дорожкой, а унитаз поставлен золотой, это не то.

Однажды меня в интервью спросили, какие роли я мечтала сыграть, но не сыграла.

— Все.

— Как это «все»?

— В Москве я не сыграла ни одну из ролей, о которых мечтала.

116

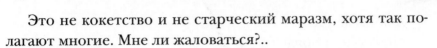

Это не кокетство и не старческий маразм, хотя так полагают многие. Мне ли жаловаться?..

Я не жалуюсь, я сокрушаюсь. Могла, но не сделала...

Почему?

Что причиной тому: время, мой строптивый нрав, слепота режиссеров или все сразу — не знаю.

Провинциальные театры — кладбище моих ролей, в них я играла много и разнообразно, но время было такое, что это разнообразие пришлось не ко двору, требовались яркие образы передовиков производства и революционных героев.

Конечно, Качалов и в провинции играл гениально, но его не заставляли изображать передовиков производства.

Я сыграла очень много, больше 200 ролей, но кто об этом знает?

Были героини-кокет со свалившимися на несчастного героя-любовника декорациями горы или полинявшей прямо во время спектакля крашенной чернилами лисой (я, как Эллочка-людоедка, выкрасила ставшую грязной белую лису в черный цвет и накинула ее для шика на шею, в результате партнер, увидевший мою грязную шею, лишился дара речи, а публика, быстро сообразив, в чем дело, рыдала от хохота). Были многочисленные гоголевские, чеховские, даже шекспировские героини, сыгранные в самых разных провинциальных спектаклях, но сыгранные малопрофессионально, потому не запомнились ни мне, ни зрителям.

Любимые роли?

Можно по порядку...

Дунька в «Любови Яровой».

Марго в пьесе Алексея Толстого «Чудеса в решете». Марго — девица легкого поведения, старательно изображающая аристократку и ведущая в ресторане светскую беседу соответственно своим представлениям об аристократизме.

— У моих родственников на Охте свои куры. Да-да! Так, представляете, они жалуются, что у кур чахотка.

Она слышала что-то об аристократической болезни чахотке, но понятия не имеет, кто ею болеет. Не сами же аристократы, пусть лучше их куры.

Один романс «Разорватое сердце», специально написанный для этой роли, чего стоит.

Конечно, Зинка из «Патетической сонаты» в Камерном театре. Пусть спектакль шел совсем недолго, но сняли-то его не по моей вине, а Зинка пользовалась большим успехом не только у себе подобных.

Васса Железнова — моя мечта и несомненная удача. Единственная роль, оцененная власть имущими по достоинству, за нее я получила звание заслуженной артистки РСФСР. Остальные звания и премии давали за роли, которые я сама вовсе не считала ни удачными, ни достойными наград.

Васса Железнова, женщина незаурядная, с сильным характером, ломающая ради своих принципов и свою собственную жизнь, и жизнь своей семьи, готовая ради сохранения семьи и дела на все, давно была моей мечтой. Но я

боялась даже мысленно подступиться к этой роли, а когда на нее назначили, отказывалась, просила дать роль попроще, например, Анны Оношенковой, но Елизавета Сергеевна Телешова (она была главным режиссером театра) настояла, она верила, что я смогу.

Показать не проститутку-неудачницу, а женщину по-своему состоявшуюся, властную, сильную, готовую даже на преступление, чтобы только все было шито-крыто, показать трагизм этой одинокой личности, трагизм матери, дети которой откровенные неудачники, хозяйки, прекрасно понимающей, что как только ее не станет, все, что она создала, нажила, многими спорными поступками собрала, будет развеяно по ветру... Она готова пойти на любые жертвы — приказать убить, отравить, выдать невестку жандармам, прекрасно понимая, что за этим последует, только чтобы сохранить для своей последней надежды внука Колю, наследника, — огромный капитал и имя семьи.

Не удалось, но не по вине Вассы, она, несомненно, пошла бы до конца, однако внезапная смерть прерывает ее старания. И никому нет дела до умершей, за короткий срок все действительно растащено, пущено по ветру.

Играть сильную личность, в угоду стяжательству погубившую и свою собственную, и чужие жизни, очень интересно.

Я могла внести много своего в картину жизни купеческого общества. Однажды Павла Леонтьевна спросила меня, есть ли в моей Вассе что-то от моего отца? Вопрос не в бровь, а в глаз. Задумавшись, я поняла, что есть. И дело не в том, что отец был купцом второй гильдии, а в его готовности ради дела и репутации семьи пожертвовать многим.

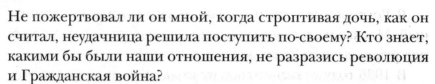

Не пожертвовал ли он мной, когда строптивая дочь, как он считал, неудачница решила поступить по-своему? Кто знает, какими бы были наши отношения, не разразись революция и Гражданская война?

Отец вычеркнул меня из своей жизни и из жизни семьи, мое счастье, что я встретила Павлу Леонтьевну, и та заменила мне родных. Гирши Хаимович мог поломать мне жизнь в угоду семейной репутации и благополучия Фельдманов? Подумав, могу честно ответить:

— Мог.

И поломал бы, не окажись я столь упорной и не перевернись в России все из-за революции.

Наверное, в характере моей Вассы Железновой есть что-то от Фельдмана.

Это единственная заглавная роль, к тому же, повторяю, оцененная по достоинству властями и зрителями.

Играли спектакль тяжело, новое здание театра еще не построено, в старом одна гримерка на всех, поделенная ширмой на мужскую и женскую половины, сцена маленькая, тесная, всюду сквозняки, акустика и освещение никудышные. Но это не мешало, нам ли, столько игравшим в провинциальных театрах времен Гражданской, бояться каких-то сквозняков! Нет стрельбы на улицах и не сводит желудок от голода — и то хорошо.

Над ролью Вассы пришлось работать самостоятельно. Мне некому было подсказать, дорогой Павлы Леонтьевны рядом не было. Ира, закончив обучение, работала в этом же театре, вышла замуж за Юрия Завадского, но Юрий Александрович чем-то не угодил вышестоящей инстанции, открыто обвинить его не смогли, зато почетно сослали в Ростов.

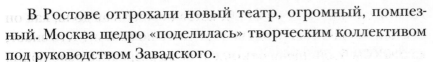

В Ростове отгрохали новый театр, огромный, помпезный. Москва щедро «поделилась» творческим коллективом под руководством Завадского.

В 1936 году отказываться от почетного поручения поднимать театральное искусство в Ростове было не просто нелепо, но и опасно для жизни, можно было отправиться играть в самодеятельной труппе ГУЛАГа или вообще на Колыму. Завадский благоразумно предпочел Ростов. С ним уехала весьма приличная труппа — Николай Мордвинов, Ростислав Плятт, Вера Марецкая, конечно, гражданская супруга Ирина Вульф и теща Павла Леонтьевна Вульф.

За время вынужденного пребывания в Ростове культурный десант поставил много прекрасных спектаклей, создал настоящую труппу, передав традиции московских театров.

Там, в Ростове, Ирина встретила новую любовь и разошлась с Завадским, что не помешало им остаться в хороших отношениях. Завадский вообще любил многих женщин, но ни одна из них не стала его врагом: Марина Цветаева, Галина Уланова, его супругой была и Вера Марецкая, родив сына Евгения... Иногда мне кажется, что враждовал Юрий Александрович только со мной, зато как! О... я не могла понравиться ему как женщина, зато могла дать сдачи, а потому Завадский воевал со мной как с мужчиной.

А у меня до самой эвакуации в Ташкент были только роли в кино, о них отдельно.

В 1939 году на экраны вышел испоганивший мне полжизни фильм «Подкидыш». Отменный сценарий Рины Зеленой и Агнии Барто, умопомрачительные реплики, хороший юмор, возможность додумывать и придумывать, до-

брожелательная атмосфера на съемочной площадке, бешеная популярность. А фильм и роль ненавижу!

Конечно, за фразу (кстати, сама и придумала, обругать некого) «Муля, не нервируй меня!». Эта чертова Муля, вернее, этот Муля преследует меня всю оставшуюся жизнь. Нужно было придушить его прямо в кадре, хотя актер ни в чем не виноват. Зрители забыли, что Мулей звали моего экранного супруга, а саму героиню Лялей, перенесли это имя на меня.

Да и сами съемки на улице — это не съемки в павильоне. Как бы ни старалась милиция, вокруг собирались толпы любопытных, прорывая любые кордоны. Играть под светом прожекторов и перед камерой — это одно, делать дубль за дублем на виду у толпы, когда из-за шума не слышно почти ничего, а уж криков режиссера тем более, — это все равно что мыться в бане без стен посреди площади или обнаружить, что во время помывки в баню привели санитарную комиссию.

Даже вспоминать не хочется.

Но тогда же состоялась моя самая главная, самая важная киноработа — фильм «Мечта» с ролью Розы Скороход. Не помните что-то? Конечно, есть фильмы, судьба которых складывается неимоверно трудно, а то и вовсе не складывается.

Я полагаю, мы вовсе не знаем советских фильмов. Если порыться на полках Госфильмофонда, можно обнаружить немалое количество шедевров, так и не увидевших свет или увидевших его только на спецпоказах.

В предвоенные и военные годы кино руководил человек, заслуживший проклятья в полной мере, — некто Больша-

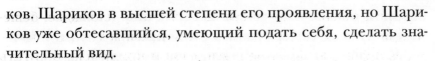

ков. Шариков в высшей степени его проявления, но Шариков уже обтесавшийся, умеющий подать себя, сделать значительный вид.

Говорили, что от него мало что зависит, но Большаков умеет делать вид, что что-то все же зависит. Это не так. Да, он ноль, Шариков, Держиморда, кто угодно, а зависело от него многое. От его дури зависело, будет ли фильм запущен или продемонстрирован хотя бы узкому кругу лиц, он мог доложить или не доложить Сталину о каком-то сценарии, режиссере, актере, фильме. А мог доложить.

Надо ли говорить, что, страшно боясь обвинений во всем, чем угодно, Большаков делал все, чтобы хоть сколько-нибудь серьезные фильмы, не прославляющие трудовой героизм советского народа, не имели хода, даже если бывали сняты?

Не раз слышала мнение, что до войны снимали одни пустые развлекательные картины или просто сказки. Нет, нет и нет! Снимали очень разное кино, и сценарии писали разные, да только не все сценарии имели ход, не все режиссеры получали возможность работать, не все снятые фильмы доходили до зрителя.

Наш фильм «Мечта» имел такую же незавидную судьбу. Нет, он не был смыт с пленки (а у некоторых бывало и такое), не остался лежать на полках Госфильмофонда, он увидел свет... например, в США, где его высоко оценили люди, вкусу которых можно доверять, — Теодор Драйзер, Чарли Чаплин, Мэри Пикфорд, президент Рузвельт...

Но Рузвельт Большакову не указ.

Впрочем, надо по порядку.

Кто такая Роза Скороход? Это Васса Железнова, дожившая до наших дней. Настоящая еврейская мама, для

которой обеспечить жизнь своего сына — главное дело жизни. Она меньшего размаха, чем Васса, а потому и мерзость особенно заметна. Гигантские страсти и преступления выглядят хотя и страшными, но по-своему притягательны. То же, загнанное в мелкую душонку, особенно страшно.

Алчная, грубая, властная, развернувшись до уровня Вассы с ее огромным делом, с ее масштабом, Роза, может, и была бы менее жалка, но все ее возможности — захудалый пансионат в панской тогда еще Польше. Смысл жизни — сын, полное ничтожество и подлец. И дело не в том, что она отдает лучшие силы этому подлецу, а в том, что она не заметила, как своей ненормальной материнской любовью и потаканием этого подлеца вырастила. Ведь это ее, прежде всего ее вина в том, что он такой.

Сыграть крах человеческой судьбы, крах надежд, падение... Эта роль дорогого стоила.

Играли прекрасно все, а уж о Михаиле и говорить нечего. Так бережно, нежно со мной никто никогда не обращался. Он буквально нес меня на руках весь фильм, подсказывая, объясняя, помогая. Ромм величайший режиссер именно с точки зрения работы с актерами, это подтвердят все, кто у него снимался.

Он учился у Эйзенштейна.

Миша рассказывал, что перед первым съемочным днем, между прочим, «Пышки» спросил у учителя:

— Как мне завтра снимать?

Эйзенштейн ответил:

— Так, чтобы, если послезавтра с вами что-то случится, я мог даже первые кадры с гордостью показать потомкам.

Вот так и снимали «Мечту», с постоянной оглядкой: что, если отснятое сегодня завтра придется показывать Эйзенштейну? Вот это требование!

Сняли фильм как последний, словно именно по нему нас будут судить потомки. Удалось, получилось, хотя и не всегда легко.

Закончили перезапись звука в ночь с 21-го на 22 июня 1941 года!

Стране стало не до «Мечты», к тому же рассказывающей о панской Польше, уже захваченной немцами, а кадры с освобождением Западной Украины и Белоруссии войсками Красной Армии и вовсе выглядели насмешкой.

И все же, если бы пленки просто легли на полку, полбеды. Над ними продолжали «работу», пытаясь изуродовать. Кто? Незабвенный Большаков собственной персоной.

За Розу Скороход я была готова Большакова убить! Да-да, действительно убить. Ромм написал из Москвы в Ташкент, где мы были в эвакуации, что Большаков решил вырезать сцену свидания матери с сыном в тюрьме — одну из самых сильных в фильме и в роли Розы Скороход. Почему? Фильм и без того длинный, сцена ничего к сюжету не добавляет, только затягивает действие.

Наверняка выбросили бы, но случилось Большакову прилететь в то время в Ташкент. Его Величество хозяин всея кинематографии Советского Союза Иван Григорьевич Большаков собственной персоной прибывал в Ташкент.

Я записалась к нему на прием, пришла в столь взвинченном состоянии, что мало понимала, что делаю и что гово-

125

рю. Помню только, что вошла к нему в кабинет и остановилась столбом. Ему неудобно садиться, пока я стою.

— Если вы вырежете сцену в тюрьме, я вас убью!

Готова была убить, и он понял, что это так. Губить лучшую часть работы просто в угоду дури какого-то чиновника я не могла позволить. Он что-то мямлил о том, что это заставляет сопереживать отрицательной героине... Я тихо повторила:

— Убью.

Что он мог со мной сделать? Конечно, арестовать, не сам, но с помощью... Даже посадить за угрозу жизни. Мог, но посмотрел в глаза и...

Сцену восстановили, только фильму хода не дали. Многие ли видели «Мечту»?

А Большаков с тех пор меня терпеть не мог, да он и раньше не слишком любил.

О чем я пожалела, так это о том, что в кабинете не было камеры, съемочной, разумеется. Такой кадр пропал! Пожалуй, Большаков мог бы иметь бешеный успех у зрителей.

Сразу после возвращения в Москву это, конечно, моя любимая Щукина — беззащитное существо, способное довести до умопомрачения кого угодно. Охлопков в Театре Революции, который потом переименовали в Театр драмы, нарочно ставил «Беззащитное существо» Чехова под меня. Во всяком случае, он утверждал так.

Я поверила, играла Щукину с превеликим удовольствием!

Если кто не помнит этот ранний рассказ Чехова: жена коллежского асессора Щукина, когда-то служившего в во-

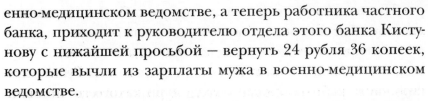

енно-медицинском ведомстве, а теперь работника частного банка, приходит к руководителю отдела этого банка Кистунову с нижайшей просьбой — вернуть 24 рубля 36 копеек, которые вычли из зарплаты мужа в военно-медицинском ведомстве.

Никакие попытки толково объяснить, что банк к ведомству отношения не имеет и ничего не высчитывал, не помогают, Щукина стоит на своем:

— Ваше превосходительство, пожалейте бедную сироту. Я женщина слабая, беззащитная... Замучилась до смерти... И с жильцами судись, и за мужа хлопочи... Только что и слава, что пью и ем, а сама еле на ногах стою. Вот кофей сегодня пила безо всякого удовольствия...

Доведя Кистунова до белого каления, она все же умудряется выбить согласие выплатить требуемую сумму, несчастный решает сделать это из собственного кармана. Иначе как отдав ей двадцать пять собственных рублей от «беззащитного существа» не отделаться.

Очаровательная роль, замечательный материал, репетировала и играла с огромным удовольствием.

В Театре драмы была еще одна замечательная роль — Берди в «Лисичках» Лилиан Хелман. Эту пьесу недаром называют американским «Вишневым садом».

Тема действительно сродни чеховской.

А для меня снова перекличка с собственной судьбой.

Берди одинока в семье, где все подчинено власти денег, где любые поступки только ради выгоды. Противостояние властной Реджины и мечтательницы Берди приводит к внешней победе Реджины, но всем ясно, что победила, по сути, Берди.

Берди терпеть не могут все, даже собственные муж и сын, она белая ворона, страшно одинокая и несчастная, потому что задыхается в семействе Хаббардов с их страстью к наживе. Но когда она пытается предупредить невесту сына, девушку из богатой семьи, тоже добрую и мягкую, что ждет ее в таком замужестве, то получает пощечину от супруга.

Не остается ничего, кроме ухода из семьи Хаббардов, чему сама семья рада. Им не нужна белая ворона.

И снова одиночество в семье, где полная чаша, снова уход из нее, хотя и иной, чем был у меня. В судьбе Берди была частичка моей судьбы? Наверное.

«Лисички» я любила и играла эту роль с удовольствием.

За роль Лосевой в пьесе Штейна «Закон чести» в том же театре получила Сталинскую премию второй степени. 50 000 рублей, огромные деньги, получать было стыдно, пьесу забыли, деньги утекли сквозь пальцы.

О роли и вспоминать стыдно, потому что спектакль заказной, неимоверно натянутый. Было жаль тратить силы труппы на такую чепуху, но что поделаешь — надо.

Сейчас никто и не вспомнит и спектакль, и его предысторию.

Чтобы нынешние зрители поняли, какие жертвы приносились, вкратце история появления шедевра Штейна. Я не помню фамилий ученых, а называть их вымышленными именами не буду, пусть простят, суть такова: двое советских ученых, занимавшихся разработкой противораковых препаратов, подготовили несколько публикаций. Одна из них привлекла внимание, по-моему, ООН. Оттуда запросили материалы, ученые, не задумываясь, предоставили рукопись

«Люблю помечтать... особенно с сигаретой...»
Ф.Г. Раневская. 1970-е годы

«Я не жадная. Эту роль когда-то отдала
Вере Марецкой и Любови Орловой».
**Сцена из спектакля
«Эта странная миссис Сэвидж». 1960-е годы**

«Театральную молодежь я очень люблю,
но только талантливую».
**Фаина Раневская с Ией Савиной в спектакле
«Эта странная миссис Сэвидж». 1960-е годы**

«Достоевского мало играли на сцене.

Этой ролью Завадский вернул меня в свой театр, но «моим» режиссером так и не стал».

Сцена из спектакля «Дядюшкин сон». 1960-е годы

«Как жаль, что «своего» режиссера я встретила так поздно…»
Фаина Раневская с Сергеем Юрским в спектакле «Правда хорошо, а счастье лучше».
1980-е годы

«А что дальше?»
Ф.Г. Раневская. 1970-е годы

«А дальше – тишина...»
**С Ростиславом Пляттом в спектакле
«Дальше – тишина». 1970-е годы**

«Не нужно аплодисментов... Я так много не сыграла...»

еще только готовящейся к печати публикации. Рукопись повез кто-то из академиков, летевших в Америку по научным делам.

Самым страшным, что могли сделать ученые, были какие-то шаги вне Советского Союза без санкции Сталина. Вождь народов решил, что предоставление материалов ООН — это самое что ни на есть низкопоклонничество перед Западом. Ну, остальное сделали подхалимы от медицины. Всех троих — двух ученых и академика, способствовавшего низкопоклонничеству, — смешали с грязью. Академик был осужден за шпионаж, а ученых спасла только их известность. Посадить не посадили, а вот работать больше не дали.

То, что при этом была уничтожена столь ценная для человечества работа, мало кого из чиновников волновало. Держиморды неистребимы.

Советская культура не могла остаться в стороне и принялась шельмовать отдельных несознательных представителей советской науки с остервенением, словно боясь, что если не цапнет за задницу, то останется без своего куска мяса.

Отметились драматурги и режиссеры тоже. Штейн написал пьесу о том, что, попав в руки мерзких буржуев, достижения советской науки обязательно будут использованы во вред человечеству. Если вспомнить о лекарстве против раковых опухолей, то это, конечно, происки против человечества! Но отсутствие логики не смутило никого, пьесу принялись не только ставить на каждой второй сцене, но и сняли по ней фильм.

Охлопков решил отметиться тоже. Я получила роль Нины Ивановны, жены профессора, слава богу, не произ-

носившей никаких пламенных речей в осуждение «безродных космополитов».

Пьесу оценили «в верхах», золотой дождь был обильным. Конечно, деньги дело хорошее, но я поклялась больше в конъюнктурных спектаклях не играть и в таких же фильмах не сниматься.

Для чего дают клятвы? Чтобы их нарушать. Во всяком случае, я — да.

А потом был Завадский.

Завадский вернулся из почетной ссылки, создав театральную школу в Ростове, но, поскольку ЦТКА был занят, для его труппы создали новый — Театр Моссовета. Я перешла к Завадскому, работать с которым было и счастьем и проклятьем одновременно. Чем больше? Не знаю.

Наученный горьким опытом, Завадский старался с вышестоящими инстанциями не ссориться, спектакли классиков равномерно разбавлять патриотической пустозвонщиной, а из классики выбирать то, что не грозило новой ссылкой, даже почетной.

Он вознамерился поставить «Модную лавку» Крылова и решил пригласить меня на роль Сумбуровой — барыни, «которая уж 15 лет сидит на 30-м году, злой, скупой, коварной и бешеной...».

В роли буквально купалась, играла с удовольствием, спектакль получился смешной, легкий, зрители были в восторге. Критики на всякий случай не заметили, мало ли что... Завадский, который не столь уж давно вернулся из почетной ссылки, Раневская, от которой не знаешь чего ждать, но главное — в пьесе не было никакого намека на

соцреализм, ни единого социалистического лозунга. С другой стороны, не нашлось за что ругать, мещанство осуждено и показано с насмешкой, вредной идеологии не наблюдалось.

Ни горло, ни ж...пу рвать не за что.

Ну и, конечно, «Шторм». Завадскому все же пришлось ставить патриотичную революционную мутятину.

Спекулянтка Манька с ее «Шо грыте?» и «Не-е, я барышня...».

Вот я обгадила Завадскому все мечты. Я не знаю, на что он рассчитывал, ставя эту революционную тяготину, едва ли можно было ожидать в 1951-м аплодисментов в слабой пьесе о разоблачении ужасных белогвардейских заговоров. Он и не ждал.

Но аплодисменты были.

Пьеса явно конъюнктурная, сам Билль-Белоцерковский очень старался сделать ее хоть чуть приемлемой для нового зрителя, а потому не возражал, когда я привычно начала вносить изменения в свою роль. Никогда не рискну просто так менять чеховский текст, если это и делала (и такое бывало!), то дополняла или перефразировала только с согласия вдовы Антона Павловича, если Ольга Леонардовна давала «добро», изменение оставалось.

Мне ли не сыграть спекулянтку? Это в жизни я попробовала заняться продажей обувной кожи еще в эвакуации в Ташкенте, причем продавала не свою, взялась помочь. Что вышло? Конфуз и позор! Была задержана доблестной милицией и препровождена в участок. При этом народ веселился: «Мулю арестовали! Мулю забрала милиция!»

Играя Маньку-спекулянтку, я мстила всем спекулянткам сразу и своему неудачному опыту тоже.

Кстати, ташкентский милиционер оказался идейно зрелым, не поддался ни на какие мои уловки, попытки сделать вид, что он просто мой знакомый и мы обсуждаем мою будущую роль милиционерши, прогуливаясь до участка. Из этого я сделала вывод, что он «Подкидыша» не видел. Не хотелось думать, что Муля ему не запомнилась.

Не всегда популярность выручает, чаще мешает. А в участке пришлось придумывать, что я таким образом пыталась вжиться в роль спекулянтки. Там Мулю помнили и спекулянтский порыв простили.

Завадский в «Шторме» пришел в ужас от моей самодеятельности, хватался за голову и кричал, что автор не позволит, что я загублю весь спектакль. Автор не просто позволил, он посоветовал оставить меня в покое, позволив дописать все, что я придумала, сыграть все, что хотела. А спектакль Манька-спекулянтка действительно загубила, то есть в том виде, в каком он задумывался Завадским.

О... это была война! Когда стало ясно, что какая-то спекулянтка перетягивает на себя внимание в спектакле о ЧК и революции, Завадский запаниковал. Сначала он потребовал, чтобы я играла вполсилы. Я ответила, что не Гертруда (Герой труда) и играть вполсилы не умею даже в шашки.

— Вы своей Манькой сожрали весь мой режиссерский замысел!

Ну разве можно не ответить на этакий крик души?

— То-то у меня ощущение, что г...на наелась!

Злой как черт Завадский не остался в долгу:

— А вы его уже пробовали?

И получил:

— Юрий Александрович, каждый день! Я же служу в вашем театре под вашим руководством. Не хочешь, а пробуешь.

Зрители навострились приходить к сцене ареста Маньки-спекулянтки, вернее, ее допроса в ЧК, Завадский перенес эту сцену чуть не в начало спектакля и распорядился закрывать двери. Потом заменил меня другой актрисой. Она играла хорошо, но повторять мои находки было нелепо, а зрители-то ждали «Шо грыте?» и «Не-е, я барышня...». Эти две фразы звучали по всей Москве, и отделаться от них Завадскому не удавалось.

И тогда он просто выбросил эту роль из спектакля.

— Что великого сделал Завадский в искусстве? Выгнал меня из «Шторма».

В ответ на «Шторм» перестали ходить вообще. Без Маньки-спекулянтки «Шторм» просуществовал недолго. Оказывается, и революции не живут без спекулянток.

Завадскому моя спекулянтская популярность надоела, он осторожно намекнул, что не удерживает меня в театре. Вообще, можно бы и на пенсию...

Да, можно, только что там делать? Я не способна жить вне театра и уйду только тогда, когда не смогу играть совсем, не смогу вспомнить слова ролей. А пока могу, хоть швабру в углу сцены, но играть буду. И горе тому, кто не позволит мне придумать слова этому реквизиту, сама сочиню монолог несчастной швабры!

Но после Анны Сомовой играть у Завадского было нечего...

Я решила вернуться в Камерный. В нем уже давно не было Ванина, изгнавшего Таирова и испоганившего театр как внешне, так и по сути. Снаружи таировское здание по сравнению с бывшим напоминало ощипанную курицу, присевшую на задницу, чтобы не пугать окружающих отсутствием хвоста и голой задницей. О репертуаре, который был при Ванине, и говорить нечего, один только спектакль о молодости Сталина чего стоил! Можно возразить, что и мы играли «Шторм», но в нем хотя бы были роли вроде Маньки. А когда такие спектакли ставятся во главу угла и составляют основу репертуара, становится жаль актеров, в них задействованных.

Во главе театра успел побывать и «Чапаев всея Руси» Бабочкин, теперь им управлял Иосиф Михайлович Туманов.

Но в Театре имени Пушкина было не легче, сначала все хорошо, Иосиф Михайлович Туманов, главреж бывшего Камерного, предложил сразу Достоевского — Антонину Васильевну в «Игроке». Это было смело — ставить Достоевского, тогда еще не рисковали...

У меня язык не поворачивался называть театр его новым именем — Московским драматическим, язык сам произносил «Камерный». До тех пор, пока не вошла внутрь. Они правы, что переименовали. Может, Ванин и талантливый режиссер, я не видела ни одного его спектакля, но мерзавец он тоже талантливый. Взять изумительный театр Таирова и так изгадить! Любить новое здание и новый зал может только тот, кто никогда не видел прежнего. От театра Таирова и Коонен не осталось ни-че-го!

Меня предупреждали, я не верила, казалось, сами стены Таировского театра должны помочь. Но на стенах, если те местами и сохранились, было наляпано такое, от чего хотелось выскочить, зажав голову руками. Оставалось пытаться не замечать.

Сыграла трех бабушек — Антонину Васильевну в «Игроке», бабушку в «Деревья умирают стоя» Касона и Прасковью Алексеевну в «Мракобесах» Толстого.

Тем, кто забыл, кто такая Антонина Васильевна из «Игроков», напоминаю — властная, богатая старуха в инвалидном кресле. Мерзавцы-наследники только и ждут ее смерти, чтобы растащить, профинтить, просрать ее деньги. Ни один не желает сделать ничего дома для Отечества, всех манит Европа, вернее, европейская рулетка.

И тогда Антонина Васильевна решает проиграть состояние сама, оставив наследников с носом.

Эта бабушка россиянам понятна, Достоевского как-никак читали, а если нет, то имя слышали и делали вид, что читали.

Интересна вторая бабушка — в пьесе Касона «Деревья умирают стоя».

Удивительное произведение, мне кажется, что даже испанский колорит в нем не главное, хотя старалась его не потерять.

Вот уж эту пьесу наверняка знают немногие из тех, кто не видел сам спектакль. У главной героини много лет назад при кораблекрушении погиб внук, но она не верит в гибель, чувствуя, что внук, уже взрослый молодой человек, жив. По-

135

могает этой вере супруг героини, который много лет пишет письма от имени внука. Но наступает момент, когда героиня уже слишком стара, чтобы ждать и ждать, она умоляет внука приехать, чтобы попрощаться. Супруг вынужден пойти навстречу и дать телеграмму о скором приезде внука с его невестой.

Кандидатуру на роль внука супруг подыскивает в местном театральном обществе, которое своей игрой старается помочь людям в трудной ситуации. Нужно всего-навсего на пару дней стать внуком. Актер берется за эту роль.

Актер, возможно, и не слишком похож на того мальчика, которого бабушка обожала, но он чист душой. Внук... да еще и с невестой!.. Бабушка вся распахнута им навстречу, готова отдать все, ей не жаль никаких денег, главное – сердце. К чести лжевнука и его невесты, они не гонятся за деньгами, им ничего от бабушки не нужно, кроме ее всеобъемлющей любви.

Конечно (разве могло быть иначе), именно тогда появляется настоящий внук. Вот ему от бабушки нужны только деньги, как можно скорее и как можно больше. Открыв глаза на обманщиков, внук ожидает прибавки за разоблачение, но не получает ничего. Героиня выпроваживает его спокойно, так, словно не ждала его появления столько лет.

Но еще предстоит прощание с лжевнуком. Каково теперь старой женщине, распахнувшей душу навстречу молодым людям? Неужели и они будут просить денег?

Нет, не просят, просто прощаются, делая вид, что нужно уезжать, в действительности потому, что пора как-то заканчивать игру. И бабушка не подает вида, что знает об обмане, ни словом, ни жестом, ни взглядом не выдает бушующие чувства. Только после их ухода остается стоять у рояля, потому что не в силах сделать малейшее движение. Она словно умирает стоя.

Великолепно, невыносимо великолепно играла эту роль Верико Анджапаридзе. Я видела ее в отрывках из спектакля, кажется в Доме актера, и была потрясена. После этого принимать аплодисменты за свою игру казалось стыдным.

Мы с Верико часто играли одни и те же роли, конечно, не в Москве, она у себя дома и часто по-грузински, но советуемся по поводу ролей часто. Она восхитительная, гениальная, недаром Немирович-Данченко, увидев Верико в какой-то роли, кажется Маргариты, сказал:

— Наконец-то, на старости лет я тебя увидел. Таким актрисам я бы при жизни ставил памятник.

А Охлопков, бестолочь этакая, ей ролей не давал! Она уехала в Тбилиси и там стала примой навсегда!

А дочь у них с Мишей Чиаурели какая!.. Софико играет не хуже матери, она умница и очень талантлива.

В 1960 году в Московский театр им. Пушкина пришел главным режиссером Борис Равенских. Но в его спектаклях я не сыграла ни одной роли. А ведь Равенских ставил очень интересно.

Почему? Почему так получилось? Почему еще, будучи режиссером в Малом, он поставил «Власть тьмы» Толстого и пригласил сначала Пашенную, а потом Шатрову на роль Матрены, а меня в этой роли не увидел?

Я продолжала играть в «Деревья умирают стоя» и в «Мракобесах» Толстого, но, похоже, главный режиссер

просто ждал, когда же я уйду на пенсию. И то, пора — седьмой десяток, заигралась.

С приходом Равенских как отрезало: для меня ролей нет! Неужели потому, что я заступалась за Володьку Высоцкого?

Равенских сначала его поставил на главную роль, мальчишку, едва пришедшего в театр, а потом вдруг снял, хотя Высоцкий репетировал очень хорошо, замечательно. Мало того, что снял, пригласив более взрослого чужого актера, так ведь еще и оставил в той же пьесе в массовке!

Это какой надо быть сволочью, пусть и гениальной, чтобы так сломать парня. Володя не сломался, но запил. А ведь Высоцкий, насколько я помню, мог выбирать между театрами, его еще во время учебы заметили.

Равенских сам опаздывал на репетиции на несколько часов. Мне с ним репетировать не доводилось, с меня хватило Завадского с его чиновничьими замашками, но актеры немало страдали. Опоздания на полчаса и даже на час и опозданиями не считались. А если Равенских не было больше двух часов, при том что труппа ради развлечения читала вслух рассказы, это уже что-то значило. Но Борис Иванович не извинялся, он попросту не считался с чужим временем и чужой занятостью. Даже гениальность не имеет права быть сволочью.

Может, он потому со мной и не связывался, что я не стала бы развлекать сама себя чтением вслух, а по поводу его бесед с чертями или плевков налево непременно поиздевалась. Придя в театр, Равенских разогнал половину труппы, на вторую духа не хватило, меня трогать не рискнул — кишка тонка, так довел других. Я всегда повторяю, что актера не обязательно увольнять или унижать прилюдно, ему до-

статочно не давать ролей, сам уйдет. Если, конечно, себя уважает и в театр ходит не ради того, чтобы выстаивать очередь в кассу дважды в месяц.

Я уважала и служила не ради зарплаты. Но куда ж было деваться?

Помог... Завадский. Не думаю, чтобы у него уж так упали кассовые сборы после моего ухода, как это пытаются показать мои подхалимы. Но Завадский со всеми его новаторствами все же старой закалки, он не просто видел спектакли прежних театров, он сам там служил. Ему такой, как я, явно недоставало.

Завадский из тех, кому обязательно нужно иметь под рукой Раневскую. Нет, не для ролей, а для бодания. Скучно, когда все хорошо. И правда, сколько можно бренчать наградами да слушать аплодисменты или подхалимские взвизги, должен же кто-то говорить гадости для разнообразия? Нет, Марецкая говорила ему гадости, и не раз, это Любовь Петровна себе такого не позволяла. Но Вера Марецкая их говорила наедине, они же все вежливые, если хамят, то тет-а-тет, а я в лицо, при всей труппе, а если и за глаза, то зная, что передадут с прибавками.

Обо мне столько врут, что я иногда сама начинаю верить в свое хамство. Половина из выдумок обо мне не соответствует действительности. Но, если честно, если бы люди знали все, что я говорила и думала... Какая Муля, что вы говорите?! Я давно развлекала бы лагерное начальство где-нибудь в ГУЛАГе, а то и подальше. А потом начальство сидело бы рядом со мной за то, что слушало исподтишка.

Кажется, я понимаю, почему меня не посадили по 58-й статье.

Во-первых, люди вокруг оказались порядочные.

Во-вторых, у наших органов хватило ума сообразить, что за колючей проволокой мой язык будет направлен только против них, а оттуда разнесется по всей стране. Разве что сразу расстрелять... Пусть лучше я буду сдержанно злословить о Завадском в Москве. Сам Юрий Александрович понимал, что мои остроты только добавляют ему популярности.

Я Гертруду (Героя труда) люблю, а все, что о нем говорила и говорю, — просто злость на нехватку ролей. Чертов Завадский на мне экономил.

Первой реакцией на... нет, даже не предложение, а намек на предложение вернуться в Театр Моссовета, сделанное Завадским через Елизавету Метельскую, было, конечно:

— Пошел в ж...пу!

Вернуться? Зачем? Чтобы эта сволочь Завадский снова загонял меня в эпизодические роли, а потом и вовсе снимал спектакль, поскольку Верку Марецкую не видно за колоритной фигурой Раневской?

Да, я крупней Марецкой килограммов на двадцать (была бы больше, да мне многое нельзя кушать). К тому же у него Орлова. Зачем я там, играть старух на фоне этих двух фифочек? Я Фуфа, но это только для своих и с желанием наряжаться никак не связано, это меня Лешка маленьким так прозвал, увидел, что дымлю, как паровоз, и сказал:

— Какая ты у нас Фуфа.

Назвал бы Эйнштейном, небось не запомнили бы, а это подхватили и разнесли. Хорошо хоть на улицах Фуфой не зовут...

Я была злой на Завадского, как черт.

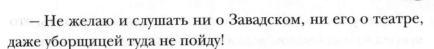

— Не желаю и слушать ни о Завадском, ни его о театре, даже уборщицей туда не пойду!

Говорят, Завадский в долгу не остался:

— А я ее уборщицей и не взял бы, засрет весь театр окурками вместо того, чтобы убирать.

Расплевались на всю оставшуюся жизнь.

Но это не помешало мне через некоторое время сказать Метельской, что вернусь при условии, что Завадский поставит Достоевского и даст мне роль. Он позволил Ирине Вульф поставить «Дядюшкин сон» и мне сыграть Марию Александровну. Понимал, что Ира не сможет помешать мне играть, как я сама хочу.

Но, если честно, спектакль не очень пошел, получился каким-то тягучим, медленным, временами и вовсе словно останавливался. А я, столько лет мечтавшая именно об этой роли, вдруг осознала, что играть ее не могу.

Нет, конечно, играла, и, говорят, неплохо, но внутренне не могла оправдать, а играть роль, не оправдав персонажа хотя бы сволочностью, очень тяжело. В каждом выходе мучительно искала оправдание и не могла найти, это отражалось на всех. Говорили, что спектакль не удался, это чувствовал и сам Завадский, хотя Ирине ничего не говорил.

Наконец, Завадский набрался решимости и поговорил со мной. Но, мерзавец, как он это сделал! Словно вскользь заметил:

— Фаина, ты играешь плохо. Спектакль не идет.

Ну не сволочь?! Я всегда говорила: если спектакль удачен — Завадский гений, если провалился — актеры и публика дураки!

Пусть себе переворачивается там в гробу, пока я его костерю, чтобы бока не залежал. Вот доберусь к ним, еще поговорим. Вечность дело долгое, все ему выскажу.

Однажды меня спросили, где, по моему мнению, лучше — в раю или в аду.

— Конечно, в раю климат и бытовые условия получше, но, боюсь, в аду компания веселей. Там свои.

Я непременно попаду туда, где Завадский, по ходатайству классиков, над которыми мы с ним успешно издевались. Боже, как будет стыдно перед Антоном Павловичем! Одно спасет — он в раю. Но все равно стыдно.

Три примы в одном театре — это не просто много, это ужасно. Ужасно для всех — театра, режиссеров и самих актрис. У Завадского нас оказалось трое, претендующих на одинаковые роли, — Вера Марецкая, Любовь Орлова и я.

Прима не значит красавица, хотя и Вера Марецкая, и Любовь Орлова действительно красавицы. Каждая из них достойна отдельного разговора, обе талантливы и мужественны, у меня не поворачивается язык сказать «были»... Они обе моложе меня, Вера на десять лет, Люба на шесть, но я живу, а их уже нет... Я такая старая, и это так ужасно — пережить всех. Даже Завадского нет, а я есть...

Завадский юлил между нами тремя, как только мог, а мог он очень ловко. Но без столкновений все равно не обходилось.

А с «Дядюшкиным сном» разобрались быстро и в мою пользу, хотя выглядело это совсем иначе.

Театр ехал на гастроли в Париж. Туда не повезешь патриотичные пьесы о выдающихся производственниках, не

142

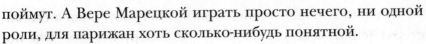

поймут. А Вере Марецкой играть просто нечего, ни одной роли, для парижан хоть сколько-нибудь понятной.

Если я Завадского костерила при всех или говорила так, что знала вся труппа, а он сам даже интересовался: «Что там еще Раневская обо мне придумала?» — то он разговаривал со мной один на один. Только раз Завадский прилюдно заорал: «Вон из театра!» — И получил в ответ: «Вон из искусства!»

Нет, бывало еще. По поводу «Шторма» он орал на репетиции, что я своими выходками сожрала весь его режиссерский замысел!

— То-то у меня ощущение, будто г...на наелась.

С «Дядюшкиным сном» Завадский поступил предельно просто:

— Фаина, мы едем в Париж, а Вере нечего играть. Она прима.

— Пусть твоя прима забирает Марию Александровну. Я, в отличие от твоей примы, в Париже была, и не раз, и без присмотра органов. Пусть едет Марецкая.

— А как же вы?

— Вы же сами сказали, что роль не получилась. Я на нее не претендую.

У Веры тоже не получилось, спектакль что со мной, что с ней не был шедевром, Достоевского играть не умели.

Но сидеть дома, когда труппа едет в Париж, — полбеды, беда, что я осталась без ролей вообще, Мария Александровна была единственной в этом театре.

Мне почти семьдесят, ролей нет, в театр ходить незачем, даже зарплату приносят на дом. Большего кошмара для меня не существует. Понимаете, вот когда я не смогу запо-

минать слова ролей, когда не смогу передвигаться по сцене, не смогу жить ролью чисто по физическим показателям, тогда меня можно списывать на пенсию.

Но я же могла! Могла и хотела!

Нет ничего страшней вот этой ненужности, когда есть опыт, есть понимание. Есть силы и нет в тебе надобности. Для актера самое страшное не провал роли, ее можно выправить, не провал спектакля, можно поставить другой. Хуже, когда ролей нет, спектаклей нет, заняться нечем.

Не все это понимают. Даже вдова Осипа Наумовича Абдулова Елизавета Моисеевна удивлялась:

— Фаиночка, к чему вам все треволненья? Пенсию дадут хорошую, наверняка персональную, будете получать больше, чем сейчас в театре, и жить припеваючи.

Как можно жить припеваючи без дела?!

Это не пение, это вой собачий на луну получится.

Режиссеры крайне редко предлагали мне что-то сами, чаще я искала спектакли, роли для себя, пробивала их, из десяти предложенных удавалось изредка пробить одну. Господи, до чего же расточительны наши режиссеры! Если они в аду, то не стоит им доверять даже дрова в костры подкладывать, пусть там маются без дела. Хотя некоторым понравится вечный отдых.

Я вечно отдыхать не умею, я свой ад отбыла на земле. Интересно, чем меня в аду накажут? Безделье я уже проходила...

Какие-то у меня дурацкие записи получаются. Не умею писать толково и складно. Пишу, пишу об одном, перескакиваю на другое. А может, так и надо, написать все, что

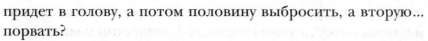

придет в голову, а потом половину выбросить, а вторую... порвать?

Буду писать, пусть и сумбурно, потом разберемся. Найду умника, который все это перевыразит литературно, если, конечно, сумеет разобрать мой почерк. У меня почерк безграмотной старухи. А я и безграмотная, если считать грамотностью диплом.

Меня спасает только то, что много читала и много лет произносила чужие умные слова (и не очень умные), а еще больше то, что дружила (какой ужас, все в прошлом!) с интеллигентными людьми. Не вшивыми интеллигентами, для которых таковая заключается в умении носить портфель или пенсне, а настоящими, такими как Павла Леонтьевна Вульф.

Снова меня не туда заносит. Не беда, вычеркнем, порвем, а то и вовсе отправим на растопку. Интересно, что такого написал Гоголь в продолжении «Мервых душ», что сжег рукопись? Опасно или плохо. Это тоже проблема — написать хуже, чем писал раньше, сыграть хуже, чем играл, не оправдать надежды.

Я боюсь популярных спектаклей, потому что на них люди, начитавшись умных или не очень статей, наслушавшись чужих отзывов, да и просто отстояв очередь за билетами, приходят с такими ожиданиями, что не оправдать их просто не имеешь права. Но актер не машина, выдающая столько продукции, сколько положено, игра может получиться или не получиться, вдохновение штука крайне вредная, приходит, когда ей вздумается, а не по расписанию. Иногда даже после финальных аплодисментов. Хоть возвращай зрителей обратно в зал и показывай все снова!

Я не жалуюсь, просто пробую объяснить, почему одним показалось, что играю хорошо, а другим — что вполсилы. Не вполсилы, просто в тот вечер эта самое вдохновение не пришло или пришло не вовремя. Ему-то наплевать на производственный график.

Вот ведь бред — производственный график работы над спектаклем! Выносить на сцену спектакль можно только тогда, когда все готово и основная работа сделана, а не когда положено по графику. Прекратить работу над спектаклем и ролью невозможно вообще, этого не следует делать даже тогда, когда спектакль уже снят из репертуара.

Для меня каждый спектакль — очередная репетиция, роль начинает получаться к тому времени, когда спектакль надоел всем. Считаю, что это правильно, нельзя отработать роль и надевать ее как маску при выходе на сцену. В любой фразе, в любом слове так много заложено (даже автор вовсе ничего не заложил, сделайте это сами), что, чтобы выразить все, нужно прожить роль столько раз, сколько там слов, а то и в тысячу раз больше, чтобы каждое слово получилось, каждый жест, каждый взгляд.

Как я учу текст роли? Такой вопрос задавала журналистка. А никак! Я не учу текст, это не стихотворение для Дедушки Мороза, которое положено вдохновенно отбарабанить, встав на стул, чтобы получить конфету.

Я живу ролью, значит, должна жить и всеми остальными. Если не вживусь и в персонажей, которые вокруг, вплоть до тех, у кого и слов, кроме «кушать подано», нет, то ничего не получится, останусь на сцене сама по себе. А потому я читаю текст всей пьесы до того, пока не услы-

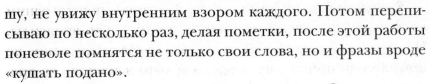

шу, не увижу внутренним взором каждого. Потом переписываю по несколько раз, делая пометки, после этой работы поневоле помнятся не только свои слова, но и фразы вроде «кушать подано».

Вот ошибка многих нынешних артистов. Они считают, что достаточно помнить собственные реплики и хорошо произносить их с нужным выражением лица, а также помнить те, после которых произносить свои.

Я пытаюсь объяснить: спектакль не сцена для демонстрации своих актерских навыков, а сфера жизни на несколько часов. Или вы живете в нем, или вон со сцены! Не понимают, считают, что придираюсь, установила диктат, зазнаюсь.

Но мне тошно видеть, как играют вместо того, чтобы жить. Ищут новые выразительные средства, жесты, позы, играют голосом... Да чушь все это, г...но! Живи ролью — жесты появятся сами. Не изображай Отелло, а превратись на время в мавра, тогда душить Дездемону будет сподручней.

Черт побери всех, кто показывает актерское мастерство! Да не в том оно, чтобы вдруг изобразить чайник или мавра, а в том, чтобы СТАТЬ чайником или мавром! Стать на то время, пока требуется. Это в тысячу раз трудней, чем надуться и показать, как кипишь.

Не спорю, если талантливо покажешь, зрители порадуются, сорвешь аплодисменты. А вот если превратишься в чайник и закипишь, поверят и запомнят. Это неизмеримо дороже, чем минутные овации.

Простые слезы в зрительном зале в тысячу раз дороже бурных оваций. Пусть лучше плачут, чем хлопают в ладоши. Вообще, слезы зрителей — это аплодисменты души.

Расфилософствовалась...

Станиславский написал «Мою жизнь в искусстве». Может, набраться наглости и написать «Мои мучения там же»? Не поймут, решат, что цену себе набиваю. Может, иначе назвать: «Мучения искусства со мной»? А я даже не об отсутствии ролей писала бы, а о том, что театр превратили в производственную площадку, в комбинат по выпуску спектаклей. Коммерческих спектаклей, между прочим. Это еще хуже. По нынешним расценкам спектакль должен не совесть будить, не слезы вызывать, а смех и деньги приносить. Слезы хорошо только если очереди в кассы, а не потому что души у зрителей проснулись.

Деятели от культуры, всякие засраки (заслуженные работники культуры), коих развелось по паре на каждого актера, норовят каждую пролитую слезинку в рубль превратить. А еще лучше, чтобы рубли были и без слез, так легче.

К чему скатится театр?

После революции были метания, искания, это понятно, новому человеку требовалось новое искусство. Потом, к счастью, выяснилось, что настоящее искусство и для нового человека годится, на сцены вернулись Чехов, Островский, Гоголь, Шекспир, теперь даже Достоевский, хотя пока со скрипом.

Во время поисков, слава богу, не выплеснули вместе с водой и ребенка. Играли много и халтурно, но просто из жестокой необходимости, работать над ролью при двух премьерах в неделю некогда.

Но сейчас-то никто не заставляет выдавать премьеры, как уголь, на-гора, считая процентную выработку. У актера не больше двух премьер в сезон. Почему бы не работать над ролью? Нет, считают, что выучил текст и движения, умеешь

«завести» зал, получил первую порцию аплодисментов и похвалу критиков, значит, роль сделана, ни к чему дальше мучиться.

Есть совестливые, которые продолжают шлифовать, дорабатывать, но их так мало! Именно такие и живут ролью, а не демонстрируют актерское умение, натасканное в лучших студиях и институтах.

Таких молодых люблю, очень люблю, стараюсь чем-то помочь, поддержать, чтобы не изменили себе самим, не сбились с пути актерского, не продали душу за внешний успех, не обменяли готовность творить на бурные овации за видимость.

Это легче легкого — показать себя эффектно и сорвать овации.

Говорят: я капризная старуха. Думают хлестче: зажилась, зазналась, цену себе завышаю...

В театре из-за моих капризов тяжело всем — от режиссера до вахтеров. В день спектакля Раневской на глаза лучше не попадаться.

Ворчать начинаю дома, к театру уже все не по мне и все не так. Кто-то прячется, те, кто спрятаться не может по должности, либо молча сносят все придирки, криво улыбаясь при этом, либо рыдают. Молоденькие девчонки, которые занимаются реквизитом, дрожат от одной мысли, что сейчас явится страшная старуха...

Ну почему же они все не видят одного: я боюсь! Мне много лет, и я страшно боюсь выходить на сцену, играть. Боюсь «недотянуть», обмануть чьи-то ожидания, разочаровать, не соответствовать прожитым годам (и, следователь-

но, опыту), званию, тому, что я «последняя из могикан»... Последняя, одна из последних, кто еще помнит настоящий театр, помнит Качалова и Станиславского не по рассказам, а в жизни, помнит многих великих.

Почему они не догадываются, что у меня дрожат ноги от одной мысли, что сыграю хуже, чем если бы эту роль сыграла Алиса Коонен... что Павла Леонтьевна не одобрила бы вот такую трактовку роли или заметила огрехи... Станиславский сказал бы свое знаменитое «не верю»... Да мало ли кто и что?..

Я выхожу на сцену для зрителей, ради них, но не только чтобы им понравиться или восхитить. Я частица, крупица ушедшего театра, я должна донести до нынешних, каким он был, должна держать планку для молодых актеров. Жаль, что, когда я эту планку ставлю, они обижаются и считают мои требования придирками зловредной старухи.

Сама очень боюсь забыть текст, «недотянуть» эмоцию, что-то пропустить. Боюсь, оттого и капризничаю, придираюсь ко всем вокруг. Окружающие не понимают, что это придирки к себе самой, прежде всего к себе. Но тяжело, когда ты стараешься из последних сил, а в ответ видишь пустые глаза партнеров, которым скорей отыграть бы на репетиции и сбежать по другим своим делам. Играют Островского, а мыслями даже не в прошлом веке (уж хотя бы так), а в магазине за углом, где должны «выбросить» какой-то товар.

Ворчание — признак старости, это верно, я старая, и опыт прожитых лет дает мне некоторое право ворчать. Да, раньше и трава была зеленей, и небо голубей, и голуби ворковали лучше.

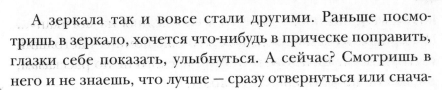

А зеркала так и вовсе стали другими. Раньше посмотришь в зеркало, хочется что-нибудь в прическе поправить, глазки себе показать, улыбнуться. А сейчас? Смотришь в него и не знаешь, что лучше — сразу отвернуться или сначала плюнуть?

Никто не может понять, что старость — это страшная ответственность. Уже некогда ничего выправлять в жизни, неудачные или не совсем удачные роли не переиграть, фильмы не переснять, ушедших людей не вернуть. Все прошло, все случилось. Или не случилось, но уже не случится никогда. Мне не дадут сыграть многие роли, даже если я открою собственный театр или найдется ненормальный режиссер, который будет работать только ради Раневской. Да я и сама не возьмусь.

Смешно, за что браться, если вообще ничего не дают?

Но я не о том, а об игре нынешних актеров и еще больше о себе самой, вернее, о своих ошибках. Понимаю, что чужие ошибки никогда ничему никого еще не научили. Даже зная, что в углу грабли, человек предпочтет наступить на них сам, чем поверить другим, что это больно.

Но если можно навести кого-то на его собственные умные мысли старческим брюзжанием, даже старческое брюзжание становится полезным. Те, кто все знает и сам, эти записи читать не станут, а вот те, кому еще можно помочь познать, что-то могут найти созвучное не оформившимся мыслям.

Вот и польза от Раневской хоть какая-то будет. Даже сейчас, когда я больше уже ничего не могу, все остальное в прошлом. Гадкая память стала подводить, силы не те. Скоро,

очень скоро наступит минута, когда играть не смогу. Сама это прекрасно понимаю и знаю, что достанет сил отказаться. Это будет мой последний подвиг — уйти. Нет, не из жизни, это не от меня зависит, а со сцены.

Очень боюсь знакомых в зале, если увижу чье-то знакомое лицо, кажется, играть уже не смогу. Те, кто об этом догадывается, стараются сесть подальше от световой границы сцены, чтобы я не увидела. Почему боюсь? Не знаю, страшно видеть знакомцев, и все тут.

Я не могу играть одна. Как это — выйти на сцену даже при полном зале и говорить, говорить, говорить... словно самой с собой, глядя в темноту зрительного зала? Я люблю зрителей и на все готова ради них, но на сцене я должна жить вместе с кем-то, а не преподносить себя на блюдечке в гордом одиночестве, словно конфетку из г...на. Мне нужны глаза партнера, его реакция, отклик, удивление, непонимание, что угодно, только живая реакция рядом. Зрительный зал может реагировать живо, но это зрители, они принимают (или не принимают) то, что ты создаешь, переживают, а партнер участвует.

Вот почему не люблю тех, кто на сцене просто присутствует. Даже декорации и те должны участвовать. И не только в спектаклях, но и на репетициях.

А сейчас... что это за экономия душевных сил — играть даже на генеральной репетиции вполсилы? Для чего и кого берегут? Так и привыкнуть можно, потом выйдет на сцену, премьеру отыграет (именно отыграет, а не проживет) в

полную силу, а на остальном привычно сбавит накал, вот и получается позор.

Ничего, мол, мне актерское мастерство поможет изобразить. Такое искусство только для засрак, когда спектакль сдается, а для зрителей эта халтура непозволительна. Иногда так хочется крикнуть:

— Не смейте халтурить в искусстве! Этим вы развращаете души людские.

Что-то я все о грустном... Старческое брюзжание. Вспомнить что-то веселое? Пожалуй.

На съемках с кем только не приходится делить гримерку!

Очередная королева красоты, поправив волосы и придирчиво оглядев себя в зеркале, начинает священнодействовать над контуром губ. Покосившись на меня, между делом интересуется:

— Фаина Георгиевна, а почему вы не пользуетесь услугами косметологов?

Теперь уже я некоторое время сосредоточенно изучаю в волшебном стекле свое далеко не волшебное отражение.

— Деточка, вы полагаете, это можно испортить еще больше? По-моему, природа уже и без того достаточно постаралась.

Она не ожидала такого ответа и что-то растерянно бормочет о чудесах, творимых нынешними кудесниками от косметологии. Я отстраняюсь от зеркала и громогласно заявляю, что у некрасивых женщин есть явное преимущество перед красивыми!

— Какое?

— Красивым приходится постоянно что-то поправлять, подкрашивать, подмазывать. А нам не нужно. На одной пудре какая экономия!

Она недоверчиво косится, решив, что я издеваюсь.

— Я серьезно. Это большое преимущество — выглядеть, как всегда, всего лишь причесавшись и почистив зубы, и не бояться, что осыпалась тушь или отвалился слой румян. «Сердце краса-авиц...»

Ну почему всем, считающим себя красивыми, обязательно нужно намекнуть на мои несовершенные черты лица?

Однажды я огрызнулась:

— Если бы не было нас, кто бы понял, что вы красивы?

Но прошло время, и теперь предпочитаю отвечать иначе...

Множество анекдотичных случаев можно рассказать об Александре Александровне Яблочкиной.

Вот кто молодец, играла до таких лет, и как играла! Не раскисала никогда, а ведь тоже была одинока. Ее добротой и неопытностью в повседневной жизни пользовались все кому не лень. Просили заступиться, похлопотать, посодействовать. Она просила, хлопотала, содействовала, не задумываясь, нужно ли, можно ли и, вообще, стоит ли.

Рассказывали такое.

Восемнадцатилетнего оболтуса решили защитить от армии. Стали просить посодействовать Яблочкину, мол, студент талантливый, жаль будет, если заберут, пропадет, сгинет и талант в землю зароет. Расчет верен, неужели смогут отказать просьбе старейшей актрисы Советского Союза, к тому же столь прославленной?

154

Александра Александровна растерянно объясняет, что призывом в армию не занимается. Ей говорят, что нужно просто поговорить с военкомом, назвав свое имя и попросив, чтобы парня не забирали.

Яблочкина обещает сказать все, что нужно.

Набирают телефонный номер, она бодро представляется:

— Народная артистка Советского Союза, лауреат Сталинской премии...

Перечисляет все регалии и должности. Это явно произвело впечатление. Дальше следует просьба проникновеннейшим тоном:

— Голубчик, тут такая оказия. Моего друга детства угоняют в армию. Так нельзя ли посодействовать, чтобы не брали?

По эту сторону трубки все присутствующие, включая самого «друга детства» старой уже Александры Александровны, валятся в кресла от хохота. По ту военком, с трудом проглотив ком в горле, осторожно интересуется, сколько лет «другу детства».

— Сколько ему лет? Восемнадцать, голубчик, восемнадцать. Так уж нельзя ли оставить?

Следует новая истерика, причем сама Яблочкина искренне не понимает, почему смеются.

Она до конца своих дней оставалась девственницей и мужчин боялась до смерти.

— Ах, Фаиночка, как же можно позволять грубым мужчинам обращаться с собой вольно?

— По любви, Александра Александровна.

Долго терпела, потом не выдержала:

— Фаиночка, вы можете мне по секрету рассказать, что это такое — совокупление?

Стараюсь не смеяться, объясняю в общих чертах.

Глаза по мере произносимого мной округляются, наконец, с придыханием:

— И это... без наркоза?!

Бестолковщина! Реши я публиковать эти записи, никто не взял бы. Или приставили бы пару борзописцев для исправления, они бы все, что мне нравится, выкинули, а оставшееся не приняла бы я сама. Может, этим и закончится? Кому бы потом отдать, чтобы выправили, но без кровавых жертв? Я старая, у меня нервов осталось на один всхлип, я ни критики своих литературных талантов, ни полной правки не перенесу. Или снова все порву, или вообще суну в печку. Нет печки? Ничего, найдем что-нибудь. Выброшу вон из окна, пусть летят листки по ветру.

Дернул меня черт писать. Жила бы себе и жила.

ЭТА СТРАННАЯ МИССИС СЭВИДЖ

Я с этой пьесой носилась, как в полном троллейбусе с воздушным шариком, да еще и спрятанным под одеждой.

Прочла впервые, сразу поняла: мое! Перевод так себе, но Завадского удалось убедить. А ставить кому?

И вдруг у Завадского идея: Варпаховский!

— Да ведь он занят.

— Ничего, освободится и начнет репетировать.

Как воспринимать эти слова? Варпаховский действительно ставил пьесы в Малом. Не помню, что он там ставил, но точно помню, что в Малом. Завадский надеялся, что пройдет время и я забуду о пьесе? Нет, не похоже, даже в министерстве разрешение на первоочередное право постановки получил.

Вообще-то это бред — устанавливать первоочередность постановки каких-то спектаклей, но такое существует, если пьеса переводная.

У нас уже был перевод Блантер, не все меня устраивало, но я сама работала над текстом, как привыкла делать всегда, если это не классика.

Пьесу переписала и чистила фразу за фразой. Есть у меня такая особенность: переписываю все от руки сама. Вовсе не потому, что чей-то почерк плох или машинописный текст мешает. Хотя и правда мешает, написанное от руки куда понятней, в рукописных строчках все живей, душа чувствуется.

Нет, у меня почерк отвратительный, как у малограмотной тетки, корявый и бестолковый. Просто когда я переписываю, я вижу сразу роли, не только свою, но и остальные тоже, спектакль оживает, начинает звучать. Это даже лучше читки. К тому же помогает учить текст: когда пишешь, запоминается легче. И пишу я в большие тетради-альбомы, так удобней потом и правки вносить, и замечания по ходу писать, и репетиционные пометки делать тоже.

Министерство разрешило первыми ставить Моссовету, режиссера не определяло, мол, захочет Завадский ставить сам, пусть ставит, а нет, так кого другого пригласит. С Варпаховским договорились, готов ставить, в главной роли видит только меня, даже репетировать со мной не боится, хотя пугали основательно. Но пока занят в Малом. Чертов Малый, сколько раз он мне жизнь портил!

Ждем...

Вот уж поистине, больше всего человек в жизни ждет. Особенно если этот человек я.

Дождалась. Сболтнула лишнее знакомой переводчице, та за мысль ухватилась: а почему бы не перевести самой? И никакие уговоры, что перевод уже есть, что Татьяна Блантер перевела вполне приемлемо, не помогали. Чем такое положение грозило? Тем, что дама, переведя на свой лад, просто отнесла бы пьесу в другой театр. Тогда плакали мои надежды!

У нас начало репетиций все затягивалось и затягивалось, Завадскому наплевать, потому что другим занят, Варпаховский тоже занят, одна я болтаюсь без дела, как г...но в проруби, и всем с этой пьесой надоедаю.

Никто не может понять вот таких мучений, никто, кроме тех, кто сам выпрашивал, вымаливал, уговаривал, умолял, чтобы дали сыграть, чтобы поставили то, что приемлемо, что-то не ради очередной галочки к очередной годовщине. Это возмутительно, это унизительно, но приходилось унижаться, всем режиссерам, с которыми работала, приходилось приносить и приносить предложения, убеждать и убеждать, почти вымаливать роли.

Чего не сделаешь ради сцены. Каюсь, ходила и просила.

Каждый раз после отказа клялась, что это было в последний раз, но оказывалась без работы и снова искала роли, пьесы, шла и просила.

Актер должен играть! Все время, разнообразно, не останавливаясь, чтобы не приходилось выпрашивать себе роли. Что для этого нужно сделать? Построить побольше театров? Нанять больше режиссеров? Премьеры дважды в неделю? Что?

Не знаю, только знаю, что половину времени, уже став настоящей, а не начинающей актрисой, провела впустую, скучая на производственных собраниях, сборах труппы, или просто в ожидании хоть чего-нибудь.

Человек всегда ненавидит тех, от кого зависит. Я ненавидела режиссеров. Не потому, что они плохие люди или бездарны, а потому, что не давали мне работать!

Это оскорбление — сидеть дома, ожидая прихода кассира дважды в месяц тогда, когда ты еще можешь играть, а уходят последние годы, последние силы...

Но вернемся к миссис Сэвидж.

Дамочка, конечно, подсуетилась, перевела и предложила пьесу сразу в несколько театров. Сначала спасло то, что в министерстве право первой постановки у Завадского было забито, а узнав, что пьесой интересуются и в других театрах, Юрий Александрович приказал немедленно начать репетиции, чтобы под прикрытием того, что мы тянем, ее не передали другим.

Так нечаянно попытка обойти нас с фланга и чужая расторопность помогли сдвинуть дело с мертвой точки. Забрезжила работа.

Я уже писала о Варпаховском и его отсидке. По-моему, первый срок он получил за троцкизм, второй за контрреволюционную пропаганду, не отсидев еще первого (жаль, забыла спросить, в чем эта самая пропаганда выражалась). В ссылке работал в Алма-Ате, потом просто сидел в лагере по знаменитой 58-й статье, а потом работал в Тбилиси. Когда реабилитировали полностью, вернулся в Москву. К работе рвался всей душой, руки и язык чесались.

Репетировали мы с ним сначала отдельно мою роль, чтобы все понять, как надо, а потом вынести на общую репетицию.

Вредная Марецкая на читке в труппе нос воротила, мол, к чему нам эта иностранщина, да еще и с психушкой! Но потом играла, и с удовольствием.

Но сначала это была моя роль, я ее выстрадала, и вздумай Завадский отдать еще кому-то или просто поставить со мной в очередь Марецкую... даже не представляю, что я бы с ним сделала! Не рискнул.

Зрители все восприняли как надо, психушки не испугались, тем более, там не было белых халатов, связанных за

спиной рукавов, не было ничего, что напоминало бы больницу вообще. Только странные больные, противостоящие не менее странным здоровым. И непонятно, кто же все-таки нормальней.

Спектакль имел огромный успех, пьеса хороша и идти в разных театрах будет еще долго, она из тех, тема которых вне времени.

Я сыграла больше сотни спектаклей, но постепенно почувствовала, что уровень игры стал падать. Это очень трудно — удержать популярный спектакль на уровне премьеры долгое время. Я не умею играть одинаково, все же это не демонстрация моих актерских навыков, а жизнь, ее нельзя прожить секунда в секунду сотни раз одинаково. Если это делать, действительно приестся.

Многим исполнителям приелось, ушел азарт первых спектаклей, стали играть рутинно, почти скучно. По мне лучше совсем не играть, чем отбывать свое время на сцене.

Возмутилась, даже заявление гневное Завадскому писала! Из спектакля не отпустили, слишком популярен, но немного оживили, кое-что поменяли в мизансценах, чтобы актеры не засыпали по ходу слишком знакомого действия. Снимать спектакль нельзя, он шел с полными залами месяц за месяцем.

Но всему бывает предел. Пришло время, когда я устала не обращать внимания на скучную игру, кажется, актерам просто надоел этот спектакль, действительно, выходили на сцену, точно на профсоюзное собрание — и времени жаль, и отказаться нельзя. С трудом скрывали зевоту...

Что делать? Объявила, что ухожу из спектакля. Но Завадский взвыл: нельзя закрывать, сборы до сих пор хорошие. Значит, надо кого-то вводить в спектакль вместо меня. Кого?

Завадский решил: Любовь Орлову. Но Орлова не из тех, кто вытягивается, прижав руки по швам, а потом рапортует: всегда готова! Она уперлась, что не станет репетировать, пока я сама не скажу, что отдаю ей роль.

Ох, хитра Любовь Петровна, хитра! Был в этом свой расчет, что я не отдам роль просто так, мол, покочевряжусь и останусь в спектакле.

Хотела ли она играть эту самую Сэвидж? И да, и нет. Да, потому что и роль хороша, и спектакль звездный. Нет, потому что роль возрастная. Конечно, это не старуха в пьесе Островского и не мать невесты в «Свадьбе» Чехова, но все равно молодую женщину не изобразишь.

Любовь Петровна на весь мир объявила, что ей всегда тридцать девять, и вдруг будет играть мать сенатора? Но Орлова мучилась тем же, чем и я, — не было ролей.

Взялась, стала репетировать. И оказалось, что одно дело — позволить играть Марецкой на выезде, но совсем иное — знать, что Орлова введена в тот состав, с которым ты играла сама. Ревность бывает ко всему — к мужчине, к друзьям, к работе, у меня вот даже к Мальчику. Ревную, если моей собаке не хотят понравиться или сторонятся его, но если Мальчику нравятся сразу, тоже ревную.

Орлову ревновала к работе, просила посмотреть, как она репетирует, радовалась (вот глупость!), когда у нее что-то получалось не так интересно, как у меня, ревновала, если получалось лучше. Любовь Петровна играла хорошо, аншлаги с моим уходом не прекратились.

Если и есть незаменимые артисты (а такие есть, достаточно вспомнить Осипа Наумовича Абдулова, потом расскажу), то я к их числу не отношусь. Заменили и не заметили, вот вам и вся слава!

Интересна судьба спектакля после того.

Только Завадский мог поступить так, как поступил. Вера Марецкая была уже смертельно больна, перенесла первую операцию, получила короткую прибавку к жизни. Кричать об этом не стали, мало кто знал, не знала даже Любовь Петровна.

Завадский решил сделать Вере последний подарок — у нее не было Гертруды, все остальное было, кроме, конечно медали «За спасение утопающих» или «За мужество при пожаре». Но последние две Завадский никак не мог ей организовать при всем желании.

Начни он тонуть или гореть, чтобы Вера его спасла, сделать это не удалось бы, труппа не позволила. Боюсь, что актеры стеной встали бы на пути героической Марецкой, дабы Завадский не смог ни выплыть, ни выпрыгнуть из горящего дома даже самостоятельно.

Оставалась Гертруда. Для этого была нужна серьезная роль, которой у Марецкой тогда не было. Завадский не придумал ничего лучше, как ввести ее в спектакль в очередь с Орловой. Орлова тоже болела, но еще не смертельно.

Почему Завадский сначала не поговорил с Орловой, как сделал когда-то со мной, передавая роль в «Дядюшкином сне» своей Верке? Любовь Петровна очень дорожила своей миссис Сэвидж, но она добрая женщина, сумела бы все понять. Но сволочь Завадский умудрился столкнуть лбами двух прим.

163

Марецкая сыграла несколько спектаклей и легла в Кремлевку. Да, у Марецкой была своя Сэвидж, отличная от наших, как ни болела Вера, но играла хорошо. Обидно, что в записи остался именно ее вариант и нынешние зрители, не говоря уже о последующих, будут представлять нас с Орловой точно такими же.

Орлова возмущалась, кричала по телефону, требовала объясниться. Что бы Завадскому хотя бы тогда не поговорить, нет, он предпочел прятаться за спиной директора Лосева, которому доставались все шишки. Я же говорю: сволочь, хотя и гениальная.

Слышать обо всем этом было мучительно больно.

Удивительная судьба у этого спектакля. Начинала я его с Варпаховским. Первым предал спектакль именно он, я понимаю, у Варпаховского было много другой, более интересной работы, много замыслов, «Миссис Сэвидж» для него проходная работа, но все равно режиссер не должен оставлять без присмотра свое детище, забывать о нем. Появлялся бы хоть раз в месяц, смотрел, во что превратили.

Без присмотра начали бесконечные вводы. Ладно бы удачные, а то вводили того, кто под руку подвернется или от других ролей свободен. Так, неожиданно пришлось менять доктора Эммета, когда Михайлов, игравший эту роль, заболел. С ним в очередь никого, когда сможет выйти из больницы сам Константин, неизвестно.

В таком случае обычно выход простой — замена спектакля. Но только не с «Миссис Сэвидж». На этот спектакль билеты продавали с нагрузкой, люди выстаивали огромные очереди. Разве можно их обмануть?

Завадскому хоть бы что, распорядился заменить молодым актером, который мало занят в остальных спектаклях.

Не буду говорить кем, он и без того получил свою порцию выговоров. Замена была такой, что я едва не получила инфаркт! Если актер и выучил текст, то, как это часто бывает, стоило шагнуть на сцену — забыл его напрочь. Приходилось подсказывать нечто вроде:

— Доктор, может, вы хотите меня осмотреть?

Доктор судорожно кивал, глядя безумными глазами:

— Да, хочу.

А что делать дальше, не знал.

Но когда он еще и сказал: «Если вы хочите, можете остаться», публика от этого «хочите» взвыла. А мне понадобилось ведро валерьянки.

Варпаховскому наплевать, может, он и хороший режиссер, очень хороший, но зачем же наверстывать упущенное не по вине зрителей и актеров время за их счет. Варпаховский ставил сразу три новых спектакля: «Дни Турбиных» во МХАТе, «Оптимистическую» в Малом и большое водное представление в цирке. Ему было не до второго состава спектакля в Моссовете. Режиссер сразу заявил, что репетировать еще с одним составом не будет.

Завадскому тоже не с руки, спектакль есть, готовить со вторым составом свой вариант нелепо, повторять то, что уже сделано, мэтру не с руки, спектакль, дающий такие сборы, брошен на произвол судьбы. При малейшем сбое играть некому.

Изначально на роль доктора утверждали и Сергея Годзи, у этого опыта больше, и таланта тоже. Но Сергей во втором составе играть не желал, а потому к роли не притрагивался. Конечно, ему обидно быть простой заменой у Константина Михайлова, но спектакль-то надо спасать!

Я устроила скандал Завадскому и Лосеву, а потом сама позвонила Годзи, умоляя не дать погибнуть от инфаркта. Понимаю, как нелегко ему было согласиться; если бы предложили сразу или хотя бы сразу после болезни Михайлова, но наше «мудрое» руководство любит показывать актерам, какое они ничтожество!

Сколько раз за те дни я вспоминала Мишу Ромма, который умел работать с актерами, оберегая их. Умный режиссер всегда так и поступает, неужели не ясно, что как бы ни была великолепна режиссерская задумка, воплощать ее актерам, и если они тебе не друзья, если им трудно и плохо работается, они никогда не выполнят твой замысел полностью.

А вот если режиссер умеет понять играющих у него актеров, помочь им, тогда и отдача будет. Можно сколько угодно ругаться, кричать, топать ногами, но если нет взаимодействия всех участников процесса, до идеала не дотянуть ни за что.

Сергей Годзи вошел в спектакль, но второго состава так и не появилось. Нервничать перед каждым спектаклем, проверяя, жив ли тот, кто должен выйти с тобой на сцену, в каком он или она состоянии, нет ли сбоев, и не будет ли их во время действия. Я слишком стара для этого, потому, когда Завадский предложил на роль миссис Сэвидж Орлову, согласилась. Об этом я уже писала.

У меня уже был другой спектакль — «Дальше — тишина».

«ДАЛЬШЕ — ТИШИНА»

Э ту пьесу нашел Лев Федорович Лосев, директор Театра имени Моссовета. Он был заботливым администратором, часто принимал огонь на себя, старался как-то помочь всем, кто служил в театре. Я его единственного из директоров любила.

Мало того, Лосев показал «Уступите место завтрашнему дню» Вины Дельмар Анатолию Эфросу. Эфрос сразу представил нас с Ростиславом Пляттом в главных ролях, и пьеса состоялась, получив название «Дальше — тишина».

Эфрос, как и Варпаховский, был не моссоветовским режиссером. Уже одно это настораживало меня. Я тысячу раз повторяла, что ненавижу режиссеров, а они платили мне взаимностью. И с Эфросом мы сработались не сразу.

Я строптива и резка, остра на язык и даже привередлива, но если чувствую, что человек заинтересован не в овациях собственной персоне, а в результате, что ему не все равно, какой получится сцена, но правит ее режиссер не по своему капризу, а по логике развития действия, я готова подчиниться.

А уж когда выяснилось, что для Эфроса сама репетиция, рождение и шлифовка спектакля, ролей, действия — главное, я в него влюбилась. Он создатель, а не постановщик, это не одно и то же. Творит сам и помогает творить актерам. Не боялся признаваться, если не получалось, если не знал, как дальше, не видел сцены, развития, не понимал, как решить ту или иную мизансцену.

Когда режиссер честно признается актерам: «Я в тупике», а не диктует черт его знает что, только чтобы скрыть свою растерянность, не корчит из себя гения неординарной постановки, чтобы скрыть пустоту замысла, это вызывает желание работать, выходить из тупика вместе.

Эфрос покорил меня своим желанием работать, своей открытостью к творчеству, признанием творчеством не только собственные потуги, что часто бывает даже у именитых режиссеров, а и актерские старания тоже. Встреться мне такой режиссер раньше, я бы играла и играла у него, не капризничая и не выдвигая никаких требований.

Сама пьеса великолепна, американцы зря ее не оценили, говорят, на Бродвее она едва вытянула сезон. Вернее, великолепна не столько пьеса, сколько тема и предложенное решение.

Люси и Барклей Куперы — очень пожилая пара, вырастившая пятерых детей, все отдавшая ради их воспитания, становления, помогавшая и не жалевшая ради детей ничего. Чтобы раздобыть средства, они в свое время заложили большой дом Куперов, в котором выросли дети, и вот не смогли вовремя выплатить деньги по закладной.

Теперь старикам Куперам требуется совсем небольшая сумма ежемесячно, чтобы снимать скромное жилье. У кого

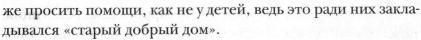

же просить помощи, как не у детей, ведь это ради них закладывался «старый добрый дом».

Детям старый дом не нужен, хотя, сложившись, они могли бы даже выкупить его для родителей. Но не нужны и сами родители тоже, вернее, странная мать. Люси Купер, по мнению детей, слишком щедра ко всем нуждающимся.

Дети отказывают родителям в помощи, о которой те просят, причем отказывают под надуманными предлогами. Но допустить, чтобы престарелых Куперов выбросили на улицу тоже не могут: «Что скажут люди?!». Решено родителей разделить, отца решает забрать к себе в Калифорнию дочь, а вот для матери ни у кого не находится местечка, как она просит, «ни под лестницей, ни в чулане». Люси Купер, родившую, выкормившую, вырастившую пятерых сильных, обеспеченных людей, эти же люди решают отправить в приют для престарелых женщин, в богадельню.

Люси, у которой теплится надежда не разлучаться с мужем, с семьей, сначала умоляет дать местечко хоть рядом со швабрами и ведрами для мытья пола, а поняв, что и этого не будет, соглашается на богадельню, но просит только об одном: пусть первым увезут Барклея и он не узнает, куда именно отправится жена.

— Пусть это будет моя первая тайна от твоего отца.

Спектакль заканчивается прощанием престарелых супругов, которые в этом возрасте так нужны друг другу, будут чувствовать себя друг без друга одинокими и потерянными. Люси, прекрасно понимающая, что в доме дочери Барклею будет очень одиноко и неприкаянно, жалеет больше его, чем себя, вообще лишающуюся семьи.

Шли споры о том, как закончить спектакль. Может, смертью одного из стариков, что было бы трагично? Но решено оставить в конце их прощание перед отъездом Барклея в Калифорнию.

Родители, разлученные в старости по воле своих бездушных детей, — что может быть противоестественней? Только отправка престарелой матери в приют. У тех, кого вырастили, кому отдали всю душу старики, не нашлось куска хлеба и местечка для старой матери. Конечно, она странная, готова помогать всем подряд, но разве это порок? Получалось, что, по мнению ее детей, да.

Спектакль требовал много душевных сил, но отдача того стоила. Зал рыдал на каждом показе. Сцена расставания двух стариков проходила вообще под рыдания зрителей. Плакала я, плакал Плятт, плакали все вокруг.

Ради такого отклика зала стоило раз за разом переживать трагедию Люси и Барклея Куперов.

Но были и удивительные отклики, из далеких городов присылали письма с благодарностями люди, никогда не бывавшие в Москве и спектакля не видевшие. Писали, что они тоже старики, что раньше дети писали и звонили редко, а уж приезжали и того реже, а после спектакля словно опомнились.

Играть ради того, чтобы кто-то вспомнил о своих престарелых родителях, стоит, и слезы проливать тоже, ей-богу!

Через несколько лет сняли телевизионную версию спектакля, что меня просто доконало.

Нам рыдать в сцене расставания Куперов, а какой-то бухгалтер все убеждает и убеждает в необходимости точно уложиться во временные рамки. До секунды точно, потому что у них, видите ли, смета, переберут или недоберут, их накажут рублем. Хотелось крикнуть:

— Да заберите вы мой гонорар, только дайте играть без хронометража!

Неумелые руки, чужие лица, которым все равно, что ты чувствуешь в такой сцене, главное, чтобы аппаратура работала четко и хронометраж не был превышен.

Я понимаю, каждому свое, я отвечаю за слезы, они за хронометраж, но ведь это искусство, нельзя же выражать слезы в секундах, иначе их лучше делать глицериновыми. Я глицериновыми слезами плакать не умею.

Я последняя из могикан, вернее, одна из последних, вон, еще Плятт остался, он тоже настоящими слезами плачет.

Тошно быть последней, ох как тошно.

Но я безумно благодарна Лосеву и Эфросу за такой подарок — на старости лет сыграть роль Люси. Пусть американцы ничего не поняли в пьесе, у них даже фильм провалился, пусть. На то они и американцы, у них в чести глицериновые слезы.

А мы будем рыдать настоящими. И на сцене, и в зале! Будем рыдать, чтобы, посмотрев сегодня спектакль, кто-то лишний раз позвонил своим родителям в Вездесранск или отправил им посылочку от московских щедрот. И уж чтобы отправить самих родителей в приют сердце не повернулось.

Пусть рвутся наши сердца, чтобы другие стали хоть чуть лучше и чище.

Вот ради чего стоит выходить на сцену, но не играть, а проживать жизни.

К сожалению, такие спектакли вообще редки, а теперь становятся крайне редкими...

В чести все больше развлекательные, те, в которых можно показать актерское мастерство, где не обязательно лить настоящие слезы и рвать душу. Мельчает театр, мельчают люди.

НАСТЫРНЫЙ
ЮРСКИЙ

Этого я нашла сама.

Нет, Сергей Юрьевич пришел к нам в театр без моей помощи, просто им с Товстоноговым стало в одном театре в Ленинграде тесно, Товстоногов намекнул, как когда-то мне Завадский, что возражать против ухода Юрского не станет. А может, и вообще сказал открыто, я не знаю, их дела.

Большой Драматический в Ленинграде — театр легендарный, там очереди за билетами стоят по ночам. И Юрский там к месту был.

Но что случилось, то случилось, ушел, приехал в Москву.

Хотелось на старости лет сыграть что-то классическое и не на американскую тему, а наше, родное. Причем сыграть добрую роль, я столько переиграла за свою жизнь мерзавок самых разных мастей, что тошнит.

Лучше всего все-таки Чехов и Островский. Но у Чехова ничего для моего возраста нет, значит, Островский.

Выбрала «Правда — хорошо, а счастье лучше». Прочитала раз, другой, третий, сделала пометки. Поняла, что хочу играть няньку Филицату — бескорыстную, добрую, готовую пострадать, чтобы только устроить счастье своей воспитанницы Поликсены, которую пестовала с рождения.

Стала приглядываться к тем, кто мог поставить пьесу.

Завадского уже нет, хотя он вряд ли стал бы заниматься таким делом. Звать кого-то чужого? Но я уже стара, мне будет трудно работать с совсем чужим человеком.

И вдруг Юрский. Играет рядом, знаю, что в Ленинграде спектакли ставил, а если бы и не ставил, у него характер режиссерский.

— Сергей Юрьевич, перечитайте пьесу...

Перечитал, понравилось.

А у меня сердце рухнуло. Просто понравилась, не загорелся, не пришел в восторг, не стал плясать от радости при мысли, что может поставить пьесу.

— Вы не режиссер, а актер. Вот и играйте то, что вам предложат.

— Я поставлю, если разрешат. А то, что козлом не скачу, так, простите, не мой стиль. Роль Барабошевой ваша.

— Нет.

— Почему, Фаина Георгиевна?

— Хочу Филицату.

— Почему, Фаина Георгиевна?!

— Устала уродов играть, дайте хоть на старости лет доброго человека.

Смеялся, убеждал, что роль Барабошевой выигрышней, легче.

174

— Мы с вами не сработаемся, зря я это затеяла.

— Почему?

— Вот заладил свое «почему»! Я не себя показать, а играть хочу!

Когда-то Таиров втащил меня на декорации под колосники под ручку, заболтав. Потом стоял внизу и кричал:

— Молодец, Раневская! Хорошо! Правильно! Молодец!

Хотя хвалить было не за что. Но он знал, что могу, знал, что вокруг нужно походить и условия создать, чтобы я раскрылась.

И Эфрос знал.

И Юрский тоже знает. Он думает, я не вижу, сколько нервов ему стою. Все вижу, но если он не потратит свои, то и я свои приберегу.

Тратит, с самого первого дня тратит.

Он удивительный, такого терпения я ни у кого не встречала. Спрашиваю Нину Сухоцкую:

— Ниночка, как ты думаешь, он со мной так, потому что маразматичкой считает? Старой дурой, почти выжившей из ума?

— А ты докажи, что это не так. Фуфа, не кочевряжься, перестань капризничать.

— Я ему Островского предложила, а он его в Шекспира переделывает!

— Не цепляйся к словам, играй, как сама роль видишь.

Репетировали трудно, но все получилось. Юрский настырный, он сумел не сломать меня (все равно не получилось бы!), но повернуть в свою сторону. Мы с ним нашли общий язык и в решении роли и спектакля, спорили, убеж-

дали и переубеждали друг дружку, иногда я дома просто рыдала:

— Нина, я все брошу! Я не начинающая актриса, чтобы мне диктовать, как посмотреть и куда встать!

Но после бессонной ночи приходила к выводу, что Юрский прав. Или наоборот, он приходил к выводу, что не прав.

Я сыграла Филицату. Каких нервов и сил это стоило Юрскому, не знаю, но сыграла. Хоть на старости лет, в последней роли была доброй феей, устраивающей чужое счастье.

А Сергею Юрьевичу после меня уже никто не страшен, он закалку Раневской прошел. Настырный все-таки мужик! Справиться с самой Раневской...

ВЕРА МАРЕЦКАЯ, ЛЮБОВЬ ОРЛОВА И ЮРИЙ ЗАВАДСКИЙ

Так и только так, эта троица для меня неразделима.

Это Театр Моссовета, мои взлеты и падения.

Мы играли вместе на сцене и в кино, боролись за одни и те же роли, казалось, должны бы друг дружку ненавидеть, но вот поди ж ты, дружили.

Я могла сколько угодно придумывать прозвища Завадскому, ругать Веру сволочью или сочинять едкие замечания об Орловой, это не умаляло моего ими восхищения и даже преклонения. Удивительно, но они относились так же.

Если от любви до ненависти и обратно один шаг, то мы только и занимались, что шагали туда-сюда.

Нет, мы могли ссориться и даже ссориться «навсегда», это вовсе не означало, что мы действительно не любим друг друга.

С кого из них начать, даже не знаю.

Пусть дамы чуть постоят в сторонке, начну все же с Завадского.

Наши с ним отношения — постоянный раздражитель в театре, это когда вместе страшно, врозь скучно. Иногда я действительно не понимала, чего же больше сделал для меня Завадский — хорошего или плохого. Теперь, когда его уже нет, и нет давно, могу сказать: не просто хорошего, он сделал из меня ту Раневскую, которую все знали в последние годы. Без бесконечных пререканий с Завадским, необходимости постоянно искать свое место, свою особенную интонацию в любой роли я бы быстро обросла штампами. Пусть твердят, что у Раневской это невозможно, никто же не знает, что могло бы быть, все исходят из того, что было в действительности.

Попробую по порядку.

С Завадским я была связана даже родственными узами — Ира некоторое время была его супругой. Завадский влюблялся часто, его женой была и Вера Марецкая, которая родила Женьку. Но Юрий Александрович увлекся молоденькой Улановой и Верку с сыном бросил. Как при этом они умудрились остаться друзьями на всю жизнь, не понимаю, но это факт.

Для Завадского Марецкая — что для Александрова Орлова. Хотя потом обе повисли именно на Завадском. А уж когда добавилась и я... Но Завадский выдержал всех! Бывают мужчины, которых даже трем грациям вроде нас с Марецкой и Орловой не свалить.

Завадский хуже, чем думает о себе он сам, но, возможно, лучше, чем думаю о нем я.

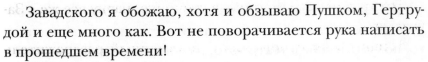

Завадского я обожаю, хотя и обзываю Пушком, Гертрудой и еще много как. Вот не поворачивается рука написать в прошедшем времени!

Завадский умница, сколько бы я его ни ругала или ни пародировала.

Спрашиваю:

— Юрий Александрович, играть без нормальной реакции партнера невозможно, я не могу беседовать с живыми манекенами, те, кто на сцене рядом, тоже должны играть, воображать, жить ролью, а не демонстрировать свое актерское умение. Если я этой жизни не вижу и не слышу, наступает отторжение. Одной фальшивой фразы достаточно, чтобы роль развалилась. А как же раньше? Приезжал на гастроли гениальный столичный или московский актер, но если приезжал один, то играть приходилось с теми, кто был в труппе.

— Вы правы, Фаина, было трудно. Недаром актеры называли гастроли в одиночку «черным хлебом».

— Но играли-то как?

— Играли за себя и за того, с кем должны общаться на сцене. Знали текст всей пьесы, мысленно произносили все реплики и вслух отвечали только на то, что слышали внутри. Это позволяло оставаться на уровне даже в отсутствие нормальной игры всей труппы. Зрители не видели остальных, они замечали только талантливого гастролера.

— Я давно делаю именно так. Нечаянно вышло, знаю весь текст и пытаюсь играть сама за всех. Но это глупо, вокруг столько талантливых актеров и актрис, которые просто по лености повторяют найденное единожды, боясь выйти за рамки этого уже наработанного штампа, боясь ответной реакции партнеров. Как замкнутый круг.

В Завадском словно два человека сидели, один вот такой: умный, гениальный, не боящийся заступиться за опального, позвать к себе в театр того, на кого косо смотрит власть, любитель и любимец женщин, остроумный и красивый...

Другой — фанфарон, любитель наград, званий, аплодисментов, для которого люди вокруг и актеры в том числе разменная монета, способный собрать труппу только для пересказа своего вещего (!) сна или спокойно попросить отдать роль другой...

Люди рождаются в рубашках, Завадский сразу в енотовой шубе!

Когда ему дали Гертруду (Героя труда), я поздравлять не стала ни в общей компании, ни отдельно. На «почему», ответила, что неприлично высказывать соболезнования, когда остальные поют осанны.

— Какое соболезнование?! Что у него случилось?!

— Достиг вершин.

— Фаина Георгиевна, вы о чем?

— У Завадского для полного комплекта похоронных принадлежностей не хватало Гертруды, все остальное было. Он о Звезде мечтал, теперь мечта сбылась, мечтать не о чем. Зачем жить дальше?

Дернул черт сказать так! Конечно, Юрий Александрович прожил еще почти четыре года после этого, но я себя за язвительный язык корила.

Без него стало плохо, словно осиротели, тот же театр, а не тот.

Сам он ставить со мной спектакли после «Шторма» не хотел, понимая, во что это выльется. Но другим не мешал.

Ирина Вульф поставила «Дядюшкин сон», конечно, под присмотром мэтра, для которого все неудачи и затянутость спектакля — ошибки Ирины, а все находки — его влияние.

Я всегда говорю:

— Если спектакль удался — Завадский гений, если нет — актеры и публика дураки.

Завадский любит, когда говорят правду в глаза, как бы она ни была льстива!

Кто еще мог ни разу не припомнить Ие Саввиной ее отказ вводиться в спектакль, потому что тот плохой? А ведь спектакль ставил сам Пушок. Другой вышвырнул бы языкатую дебютантку вон и другим посоветовал не брать нахалку, а Завадский промолчал, потому что чувствовал ее талант и свою неудачу со спектаклем. Но кем была Саввина, а кем он. Девчонка посмела критиковать мэтра!

Мало кто был способен если уж не выгнать нахалку сразу, то не припомнить ей неприятные минуты. Завадский способен.

Конечно, меня бесили его замашки мэтра, желание диктовать и регламентировать мою игру, я кричала, что не буду «вставать туда» или «садиться там», я буду поступать так, как подсказывает мне логика роли!

Это тот случай, когда вместе тошно, а врозь скучно. Мы не могли работать с Завадским вместе, но и врозь тоже не получалось. Так ли ему была нужна я при Марецкой и Орловой? Конечно, у нас несколько разные амплуа и особенно внешность, но мог бы обойтись...

Но ведь и я, возвращаясь в Театр Моссовета, понимала, что там не одна Ирина Вульф, что придется, прежде всего, сталкиваться с Завадским. Понимала, но вернулась. И не только потому, что при новом главреже Театра имени Пушкина у меня ролей не предвиделось, просто понимала, что там я не нужна, а вот Завадскому, как бы я с ним ни ругалась, еще пригожусь.

Это удивительное ощущение нужности, когда не поругаться в пух и прах из-за любой мелочи невозможно, но и не возвращаться тоже.

Не верьте моим словам о Завадском, вернее, верьте, но с оглядкой.

Он любитель наград, признаний, президиумов и хвалебных статей и речей? Безусловно!

Самодур? Еще какой!

Ему наплевать на многих в угоду самому себе и своей Вере Марецкой? Конечно!

Но при этом кто бы еще мог везти меня на своей машине в больницу, потому что у меня грудная жаба, или, как ее зовут сейчас, стенокардия?

Кто рискнул бы не просто заступаться за опальных (так поступали многие), но и давать им работу в своем театре?

Говорят, что хороший человек понимает, что хорошо, а плохой — что выгодно. Завадский понимал и то, и другое, умел пользоваться выгодой там, где это только было возможно. Похоже поступал и Александров, который тоже не чурался наград и званий, не бегал от льющегося золотого дождя и безумных возможностей, но до Александрова Завадскому было безумно далеко.

Я любила и люблю Завадского, как бы мы с ним ни ругались. Просто любовь тоже бывает разной. Бывает и вот такой — со скандалами.

И он меня любил, как актрису любил, и язык мой острый тоже любил, хотя клял меня на чем свет стоит.

Рядом с ним Вера Марецкая. Они разошлись, когда Женьке исполнилось года четыре. Завадский тоже без памяти влюбился в Галину Уланову, она моложе его на полтора десятка лет, но это не помешало. Вот с Галиной он остался официально в браке до самой смерти. Зато гражданским браком успел осчастливить многих, в том числе и нашу Иру.

Завадский с Марецкой удивительные. Разведясь, не просто остались друзьями, она была его Музой до конца жизни. Пушок оберегал свою Веру, все роли для нее, все спектакли (кроме разве тех, что выцарапает себе противная Раневская). Помогал всю жизнь, как мог.

Вера играла талантливо, она умница, хотя и вредная. Язык не хуже моего, диктовать умела не хуже самого Завадского, но его слушала.

Когда Вера заболела серьезно и стало понятно, что помочь, да и то на время, может только операция и сеансы химиотерапии, Завадский сделал все, что мог, но ни словом не обмолвился о ее проблемах.

Марецкой понадобилась роль для Парижа, забрал у меня. Когда решил выбить ей Звезду Героя труда, поставил в очередь с Орловой в «Миссис Сэвидж». Но Орлова не я, добровольно ничего уступать не стала. Любовь Петровна показала зубки, Лосев рассказывал, что она кричала и грозила пожаловаться министру культуры, а Завадский плакал:

— Вере осталось совсем недолго, пусть сыграет еще хоть один спектакль.

Марецкая оказалась живучей, она перенесла и вторую операцию, и сумасшедшие сеансы химиотерапии, носила парик, но не унывала. На вручение Звезды Героя Социалистического Труда приехала едва живой.

А потом пережила их обоих — и Орлову, и Завадского!

Орлова умерла первой в 1975 году, Завадский через два года, а Марецкая продержалась еще целый год после него.

Вот это люди!

С Любовью Петровной Орловой мы познакомились в кино. Я тогда снималась в «Пышке», а она в «Веселых ребятах», вернее, только готовилась сниматься. Их фильм оттянул на себя все ресурсы небогатого Москинокомбината, оставив нас нищими.

Орлова звала меня своим «добрым Феем». Дело в том, что для съемок у Александрова требовалось ехать на юг довольно надолго. До этого Любовь Петровна подрабатывала в кино почти тайно от Немировича-Данченко, у которого играла в театре в опереттах. Он, как и большинство режиссеров, крайне неохотно отпускал своих артистов для съемок в кино.

Встал вопрос — на что решиться. Уйти из театра для Любочки, не имевшей полноценного театрального и музыкального образования, значило туда больше не вернуться. Немирович-Данченко не из тех, кто прощал побег.

— Фаиночка, что делать?

— Да плюньте вы на этих жоржет и серполетт! Ваше место в кино, там с вами некому тягаться.

Не думаю, что Любовь Петровна поступила так только из-за моего совета, просто я решительно высказала то, к чему она была готова и сама. Орлова ушла от Немировича-Данченко и уехала в Гагры снимать «Джаз-комедию», которую потом обозвали «Веселыми ребятами».

Это не просто визитная карточка Орловой и Александрова, это их путеводная звезда, счастливый билет и Божий дар одновременно. С него начался взлет.

Они снимали счастливо и весело, фильм много ругали, но с удовольствием смотрели. Да что рассказывать, едва ли в Советском Союзе найдется человек, не видевший «Веселых ребят».

Мы еще вместе снимались в «Ошибке инженера Кочина», фильме, который я считаю собственной ошибкой. Но это не в счет, не хочется даже вспоминать.

А потом была «Весна».

Александров, естественно назначив на двойную главную роль Любовь Петровну, мне предложил создать роль самой.

Я согласилась с удовольствием, тем более помощницей режиссера по работе с актерами, а именно с Орловой и Раневской, была назначена Ирина Вульф.

А потом мы вместе оказались в Театре имени Моссовета.

Воевала ли Орлова с Завадским, как и я? В какой-то степени да.

Не стоит забывать, что период взлетов и безумной популярности у нее уже прошел, Александров больше кино не

снимал, следовательно, не снималась и Орлова, в кинематографе таков закон.

Последний фильм «Скворец и лира» даже не увидел свет, о чем сама Любовь Петровна, похоже, не слишком жалела.

В театре ролей тоже не было, потому когда появилась возможность сыграть миссис Сэвидж, Любовь Петровна не могла не схватиться за нее.

Я просила Елизавету Метельскую тайком ходить и смотреть репетиции. Убеждалась, что Орлова играет не хуже, хотя иначе. Это радовало и заставляло ревновать.

Потом Завадский позволил играть Марецкой, ничего не объяснив Любовь Петровне. Конечно, это не порядочно, Орлова так и не простила Завадскому такого. Мог бы сказать, неужели она не отдала бы, как сделала я?

А потом вдруг случилась катастрофа. Неоперабельный рак поджелудочной железы!

Это Марецкая сумела столько лет бороться со своей опухолью, делая операции и проходя химиотерапию. Мужеству Веры Петровны можно только позавидовать, хотя при одной мысли о ее гибели сжимается сердце. Как бы мы ни ссорились, а друг дружку уважали и даже любили.

К тому же смерть примиряет всех...

Александров не позволил врачам сказать Орловой правду. Ей сделали разрез, имитируя операцию по удалению камней из желчного пузыря, даже притащили коллекцию подходящих булыжников.

Если бы это могло спасти саму Любовь Петровну!

Они решили на следующий день после юбилея своего знакомства, а Орлова и Александров свято чтили этот день

186

и всегда праздновали, пригласить меня, как «доброго Фея», без которого не состоялись бы ни съемка Орловой в «Веселых ребятах», ни их брак.

Не успели. Любовь Петровна «сгорела» быстро.

Она умерла в 1975 году.

Вера Марецкая нашла в себе силы прийти на прощальную панихиду.

Следующим оказался Завадский, умерший от внутреннего кровоизлияния. Он давно страдал гепатитом и циррозом печени.

Через год после Завадского, в 1978 году, не стало Веры Марецкой...

Театр словно опустел.

Нет, жизнь не прекратилась, она продолжилась, и театр не закрыли, шли спектакли, только с другими режиссерами, с другим составом.

Театр не закрылся, но он стал немного другим...

Так же будет после моей смерти. Тут уж и вовсе ничего не изменится, потому что я больше не играю, нет сил, подводит память.

Актеры и режиссеры приходят и уходят, а театр остается. Меняется, становится лучше или хуже (скорее второе), но продолжает существовать без любого из нас. Это страшно и величественно.

Что после нас останется, как долго будут вообще помнить о нашем существовании, наших ролях, нашей игре?

Что-то грустные у меня получаются записи...

Кто поверит, что это бойкая на язык Раневская, у которой слово «ж...па» любимое?

Да, я такая с давних лет, но наступает время, когда шутить уже не хочется и не можется, когда нужно думать о вечном, о том, чтобы успеть высказать то, что не произнесла вслух, а если и произнесла, то не заметили.

Следом иногда ходили с блокнотами, пытались записывать мои перлы, чтобы потом всем показать, мол, вот какой острый язычок был у Фаины Георгиевны. А записывать надо было не то, не мои меткие фразы или словечки, а мои мысли. Меткие или нет, умные или не очень, но они могут кому-то пригодиться.

Если пригодятся, это будет лучшее, что я смогу после себя оставить. Кроме, конечно, моих ролей.

Но я знала стольких замечательных людей, очень хочется напомнить о них...

ДОРОГАЯ МОЯ ПАВЛА ЛЕОНТЬЕВНА ВУЛЬФ

Даже если бы я ни слова не написала обо всех остальных, о Павле Леонтьевне нужно написать.

Без нее бы не было меня, не просто актрисы Фаины Раневской, а меня, Фани Фельдман, тоже не было бы.

Уйдя из родительского дома, где была одинока, я в самое трудное время — начало Гражданской войны — оказалась в Ростове-на-Дону без средств к существованию, не считать же заработком массовку в цирке, который не сегодня завтра закроют.

То, что я увидела в местном театре Павлу Леонтьевну в роли Лизы Калитиной, — судьба. Я уже видела ее в этой роли, но тогда еще была несмышленой девчонкой, а теперь уже попыталась играть сама...

Понимаете, посреди разрухи, разрухи еще не физической, но уже нравственной, когда никто не знал, что

будет завтра, как жить дальше, я вдруг увидела настоящее искусство, настоящую Лизу Калитину. Дело не в том, что она напомнила мне довоенную сытую и спокойную жизнь, нет, напомнила, что не все в этом мире потеряно, что есть что-то, что устоит. Есть правда чувств, правда искусства.

Не будь этой встречи, я просто оказалась бы на улице. В театр меня брать никто не собирался, на юге России и без меня хватало неприкаянных актеров уже с опытом и наработанными ролями.

Но главное — я бы не встретила женщину, на всю жизнь заменившую мне мать!

Я понимаю, что Ирина всегда ревновала меня, было к чему, но мы слишком много времени проводили с Павлой Леонтьевной вместе на сцене и за кулисами, слишком много репетировали потом дома, чтобы я не стала ее названой дочерью.

Павла Леонтьевна была дворянкой по происхождению и до мозга костей. Достаточно посмотреть на ее изумительное лицо, чтобы понять, что она благородство впитала в себя с молоком матери, но, что самое важное, его не растеряла. А уж ухабов на ее жизненном пути не просто хватало, их было с избытком.

В восемнадцать лет на сцене Александринского театра Павла Леонтьевна увидела Веру Комиссаржевскую. Это решило все в ее судьбе.

Вернувшись в свой Псков, она уже ни о чем думать не могла. Написала Комиссаржевской письмо, умоляя помочь стать актрисой.

Как похоже и не похоже на меня!

Я тоже готова была на все ради театра, но если родители Павлы Леонтьевны не возражали против ее стремления, то мои...

Комиссаржевская пригласила восторженную девушку учиться и посоветовала поступить в драматическую школу, а потом перейти на драматические курсы к Давыдову.

Вера Федоровна Комиссаржевская готова была помочь Павле Вульф, а та помогла мне. А вот я не такая, у меня ни за что не хватило бы сил и терпения возиться с кем-то; если мне пишут: «Помогите стать актрисой», я отвечаю: «Бог поможет».

Говорят, талантам надо помогать, бездарность пробьется сама. Возможно, но почему бы и таланту не пробиться?

Давыдов видел в Вульф повторение Комиссаржевской, а потому посоветовал ей ехать в Москву к Станиславскому, чтобы поступить в Художественный театр. Не приняли, почему, Павла Леонидовна никогда не рассказывала, что-то там не срослось.

Она уехала в Нижний Новгород работать в провинциальных театрах.

Иногда я думала, что было бы, окажись Павла Леонтьевна с ее редкостным даром в Казани, как оказался Качалов? Как все же много зависит от первых режиссеров и антрепренеров! Не встретился ей на пути второй Михаил Матвеевич Бородай, который заметил и высоко поднял Качалова. Так высоко, что в Москве увидели.

Не повезло Павле Леонтьевне, зато повезло мне.

Судьба швыряла ее в самые разные города Российской империи, Вульф прославилась как «Комиссаржевская провинции», что дорогого стоит.

Сама Павла Леонтьевна о работе провинциальных театров рассказывала с ужасом, вспоминая о едва ли ни ежедневных премьерах, отсутствии репетиций, игре по подсказке суфлера и вообще халтуре, цветшей махровым цветом на множестве провинциальных сцен.

Конечно, бывали и весьма достойные труппы, актеры и режиссеры, но все они при малейшей возможности норовили выбраться в Москву или Петербург.

Почему талантливейшей Павле Леонтьевне не нашлось места в столице, непонятно. Но в 1918 году она оказалась в том самом Ростове-на-Дону, где подвизалась в цирковой массовке и рыжая дылда Фаина Фельдман. Фактически безродная, неприкаянная, бездомная и безденежная, но страстно желающая стать настоящей актрисой.

Только вот никакой грации, хотя гибкость была, в цирке без этого даже массовке нельзя. Длиннорукая, неуклюжая, заикающаяся от волнения. Полный набор всяких «нельзя».

Что увидела во мне Вульф помимо страстного желания играть? Не знаю, но предложила сделать отрывок из «Романа» Шелтона и показать.

Я вылезла из шкуры, чтобы выполнить задание. Это было нетрудно, потому что единственный на весь Ростов итальянец, к которому я отправилась учиться итальянским манерам, содрал с меня все деньги, которые имелись. Было бы больше, взял бы больше. Жесты показал, некоторым словам обучил.

Павле Леонтьевне понравилось. Боюсь, не столько то, что получилось, сколько страсть в моих глазах не столько из-за итальянского налета, сколько от голода.

Она взяла меня к себе не просто ученицей — приняла в семью. А семья эта состояла из нее, Ирины и Таты, нашего ангела-хранителя в быту и доброго гения по совместительству.

Прекрасное средство от зубной боли — большая кнопка сначала на стуле, а потом в заднице. Если вопьется — о зубе забудешь, хотя бы на время. Если уж и это не помогает, надо идти к врачу.

Это еще называется «клин клином вышибать». К чему я это? К тому, что наступила жизнь, когда все остальные проблемы, кроме обыкновенного выживания, должны были быть на время забыты. Голод, разруха, тиф, бесконечный переход власти от одних к другим, когда утром не знали, какая власть будет к обеду, а ложась спать — при какой проснемся.

Кнопка в стуле оказалась таких размеров, что можно бы забыть не только о зубной боли, но и о том, что зубы есть вообще.

Возвращаться в Москву нечего и думать, поезда не просто грабили, их уничтожали. Решено ехать в Крым, там слабой здоровьем Ирине будет легче, там теплей и всем легче прокормиться.

В Крыму не просто легче не стало, хотя работа в Симферопольском театре нашлась даже для меня, там и царила та самая разруха и смена власти. Хлебнули горя сполна. Самой мне не выжить бы.

Но удивительно не то, что Павла Леонтьевна помогала пришлой девушке, а то, что даже в такое время и в такой ситуации она сумела сохранить уровень игры и требований к себе и ко мне. Вульф и на сцене голодного Симферополя перед любой публикой играла так, словно это сцена императорского театра, словно на нее смотрит сама Комиссаржевская.

Как она сумела ничего не растерять ни за время вынужденных скитаний по городам и весям предреволюционной России, ни потом во время революции и Гражданской войны — удивительно. Сумела сама и привила это мне. На всю жизнь привила!

Прошло очень много лет, давно нет в живых Павлы Леонтьевны, а я все равно каждую роль, каждую реплику, каждый жест равняю по тем самым ее требованиям, как она всю жизнь равнялась по Комиссаржевской.

Мы сумели выжить в разоренном голодном Крыму, не заболеть тифом, не погибнуть от голода, не скурвиться, не осатанеть. А я сумела стать актрисой.

И по сей день мне очень трудно наблюдать, как небрежно пользуются жестами, как неряшливо произносят слова, как, не вдумываясь, играют свои роли молодые, наученные мастерами актеры. Конечно, после Вульф у меня были Алиса Коонен и Таиров, но основы заложила именно Павла Леонтьевна. Ее я считаю своей учительницей и наставницей на всю жизнь.

Мы много колесили по охваченной голодом уже Стране Советов, меняя город за городом, театр за театром просто потому, что нужно было на что-то жить, а значит, где-то играть.

Потом умница Ирина поступила к Станиславскому в его студию, нам с Павлой Леонтьевной стало завидно, и мы отправились следом. Конечно, Тата с нами.

Думаю, Тата не слишком любила меня все годы, что знала, ее любимицей была Ира, а я казалась нагрузкой, причем тяжеленной. Возможно, такой и была, но куда же мне в одиночку?

Мы неправильно живем: либо сожалеем о том, что уже было, либо ужасаемся тому, что будет. А настоящее в это время проносится мимо, как курьерский поезд.

Не слишком спеша вскочить на подножку этого самого курьерского поезда, Павла Леонтьевна сумела сохранить достоинство и порядочность в высших их проявлениях.

Позже в Москве, рассорившись с руководством Театра Красной Армии, я осталась одна и снова на улице (из общежития пришлось съехать), меня снова приютила в своем доме Вульф. Я была достаточно взрослой, если не сказать в возрасте, но без них с Ирой чувствовала себя неприкаянной и страшно одинокой.

Важно не столько получить помощь, сколько знать, что ты ее непременно получишь. Я всегда знала, что получу если не помощь, то хотя бы поддержку этой удивительной женщины.

Павла Леонтьевна перестала играть в 38-м, болезнь больше не позволяла делать это в полную силу, а вполсилы она не умела. Оставалась преподавательская деятельность. Помог Завадский, он сам с 40-го года преподавал в ГИТИСе.

В конце жизни Павла Леонтьевна жаловалась на все подряд, капризничала, привередничала. Казалось, всю жизнь терпеливо сносившая любые невзгоды, она сберегла свои жалобы на последние дни.

Павлу Леонтьевну не понимал никто, кроме меня, дело в том, что она хотела... назад, в девятнадцатый век! Сама Вульф прожила в том веке двадцать два года, этого достаточно, чтобы почувствовать вкус и разницу, она обожала Серебряный век...

Павла Леонтьевна умерла в июне 1961 года. Это была для меня настоящая потеря, я осталась сиротой.

Последними ее словами, обращенными ко мне, было:

— Прости, что я воспитала тебя порядочным человеком.

Какой ужас! Исключительно порядочный человек просил прощения за то, что прививал порядочность!

Она не смогла исправить мой очень нелегкий характер, научить меня сдерживаться, не говорить что попало, не кричать, быть терпимой и интеллигентной. Павлу Леонтьевну убивали мои ругательства, мое неумение держать язык за зубами, одеваться, выглядеть элегантно...

Но она все прощала, потому что была бесконечно доброй и терпеливой. Конечно, Ирочка могла пожаловаться на ее капризы в последние годы, но если бы она вспомнила, сколько Павле Леонтьевне пришлось пережить в жизни, она относилась бы к этим капризам снисходительней.

Потом умерла Тата... И мы вдруг почти подружились с Ириной, действительно почувствовав себя сестрами.

А когда умерла Ирина, я осиротела окончательно. Остался только сын Ирины Лешка, мой эрзац-внук, но он далеко, у него своя жизнь. А я старая и никому не нужная ведьма.

Жаль, что я не успела попросить у Ирины прощения. За что? За то, что отобрала у нее толику материнской любви, что заставила ревновать к Павле Леонтьевне.

Со своей собственной семьей в пятидесятых я сумела встретиться в Румынии. Отца уже не было в живых, мама очень постарела, даже трудно узнать, брат Яков, конечно, изменился. Не смогла приехать из Парижа Белла, ей все не давали визу, несмотря на все мои ходатайства.

Потом Белла перебралась ко мне в Москву, решив, что столь знаменитая актриса, какой я стала, у которой так много наград и премий, всенародное признание, должна просто купаться в роскоши. Высотка на Котельнической набережной, где я тогда жила, привела ее в восторг:

— Фаня, это твой дом?!

Пришлось объяснять, что не весь, только одна небольшая квартира.

Белла никак не могла вписаться в нашу советскую действительность, когда подходила ее очередь в магазине, она, вместо того чтобы быстро сообщить, сколько чего взвесить, заводила беседы с продавцом о здоровье ее родителей, о погоде... Очередь постепенно зверела.

Поведение совершенно непрактичной сестры, которая не сумела устроить свою жизнь ни в Париже после смерти мужа, ни в Турции, куда перебралась потом, подсказало мне

мысль, что и моя собственная бытовая неприкаянность вовсе не результат моей бестолковости, а некое наследственное приобретение.

Белла недолго прожила в Москве, хотя встретилась со своей давнишней любовью, и у них все клонилось к новой свадьбе. Но неоперабельный рак перечеркнул все счастливые планы...

Я стольких дорогих мне людей пережила! Я не нужна нынешним молодым, я для них древняя вредная старуха, они не желают тратить душевные силы не только на беседы со мной, но и на следование моим советам.

Со мной осталась только Ниночка Сухоцкая, племянница Алисы Коонен. Мы познакомились, кажется, в 1911 году в Евпатории. Боже мой, как это было давно! Нина прекрасный друг и советчик, но у нее своя жизнь, она не может опекать меня. К тому же опекать Раневскую — это такой сумасшедший труд, который не всякому по плечу и не всякому по сердцу.

Нет, я не капризна, сейчас уже не капризна, я одинока душой. Чтобы быть со мной, нужно в эту душу проникнуть, ее принять собственной душой, а это очень трудно.

Пожалуй, зажилась, вокруг все настолько иное, что сама себе кажусь древним ящером, неуклюжим и бестолковым.

Одолевают болячки, грустные мысли, прежде всего о своей ненужности, о бездарно прожитой жизни, о том, что несделанного в тысячу раз больше сделанного, что столько лет и сил потеряно зря.

Когда найду того, кто будет обрабатывать мои дурацкие записи, обязательно попрошу, чтобы оставили поменьше нытья и побольше опыта, прежде всего душевного, духовного, театрального.

Когда заканчивается девятый десяток твоей жизни, многое видится иначе, гораздо лучше. Удивительно, человек с возрастом теряет способность видеть глазами, зато приобретает душевное зрение. Оно важней.

ОСИП
АБДУЛОВ

Осип Наумович один из немногих, с кем я по-настоящему дружила.

Можно не помнить имя и отчество, но фразу «в Греции все есть» знает вся страна.

Интересно, что многие были убеждены, что играет настоящий грек. Как же можно так выразительно разговаривать?

Это особенность талантливейшего Абдулова, он умел не просто перевоплощаться, а очень точно схватывать черты национального характера. Кто бы узнал этого «грека» в «Школе неплательщиков»? Там он настоящий француз.

В «Ученике дьявола» — англичанин...

Он великолепный...

В фильме «Светлый путь» у Абдулова роль не просто куцая, а без слов — директор ткацкой фабрики. Ему показывают образцы рисунков новых тканей. Поскольку это период индустриализации, рисунки соответственные, никаких цветочков, все тракторы да комбайны. Или трубы заводские.

Текста нет, сценаристы придумать не смогли, оставили на откуп режиссеру и актерам. Директору принесли кипы ситцев с изображением заводов со множеством дымящих труб. Кошмар наяву, а ему надо высказаться.

Придумывали всей съемочной группой, что только ни предлагали, все не то. Вдруг Осип Наумович говорит:

— Снимайте, придумал.

А что именно, не говорит. Но Александров кивнул:

— Мотор!

Снова приносят кипы ситцев. Абдулов долго и со вкусом разглядывает, потом глубокомысленно тычет в рисунок:

— Дыму мало!

Группа покатывается со смеху, хохочут все, снимать невозможно.

— Еще дубль!

Та же картина: Абдулов совершенно серьезно изрекает про недостаток дыма, звук записать невозможно из-за хохота. Сняли с трудом с бог весть какого дубля. При этом сам Осип Наумович не улыбнулся.

Добрейший человек, работавший на износ. Он совершенно не умел отказываться, его вводили на замену в любые роли, причем делали это срочно, когда учить текст было уже некогда.

Однажды я помогала ему учить большую роль в Львове. Вместо отдыха Абдулов полдня пытался запомнить хоть что-то. Я подавала ему реплики, искренне жалея бедолагу. Выучить не успел, играл экспромтом, но лучше всех в спектакле, критики единодушно отметили талантливое, глубоко продуманное исполнение именно его роли.

Частенько из-за его соглашательства страдала и я.

— Фаиночка, дорогая, ну всего пара шефских концертов, всего пара. Отвезут и привезут. А ждут-то как...

Мы тащились в Вездесранск давать шефские концерты.

С Осипом Наумовичем мы сделали «Драму» Чехова в концертном варианте и исполняли с успехом. Помните рыдающую над собственным сочинением дамочку, которая после каждого слова не просто заливается горючими слезами, но и сморкается?

Номер получился чудесный, пользовался огромным успехом. Никакого реквизита для него не нужно, кроме разве костюмов, стола и двух стульев, мы на концертах его часто исполняли.

Осип Наумович рассказывал историю, случившуюся с ним еще в 40-м году. У него слабое сердце, часты приступы грудной жабы (стенокардии), жалеть себя Абдулов не умел, но при очередном приступе испугался, потому что был дома один.

Срочно позвонил доктору, на что услышал:

— Я сам болен и скоро умру...

Решив, что доктор просто не хочет приходить, Абдулов настаивал, требовал. Врач согласился.

Некоторое время спустя в квартире раздался звонок, открыв, Осип Наумович едва успел подхватить падающего на руки старичка. Ролями поменялись, теперь уже Абдулову пришлось хлопотать вокруг едва живого доктора, приводя того в чувство.

Было бы смешно, если бы не было грустно, бедный доктор действительно умер на следующий день...

С тех пор Осип Наумович вызывал только «Скорую», а то и вовсе никого.

Последний сердечный приступ произошел у него во время спектакля, бросить который Абдулов не смог. Он доиграл свой спектакль, как доктор свой последний вызов. На следующий день Абдулова не стало...

Мне очень его не хватает. Пробовала играть «Драму» с другими партнерами, быстро убедилась, что не то...

Мне предлагали написать об Анне Андреевне Ахматовой. Отказалась категорически. Нет, что-то писала для журнала, но книги воспоминаний не будет. Сама Анна Андреевна больше всего боялась, что ее после смерти добьют друзья, на разные лады пишущие были и небылицы.

Меня это не волнует, пусть пишут, по Москве, да и вообще по стране ходит столько баек обо мне, что одной глупостью меньше не помешает. Наоборот, если через десять лет после моей смерти (а может, и через двадцать?) будут читать выдумки обо мне, значит, я жива! Значит, все-таки будут помнить, что была такая... только не Муля!

Об Ахматовой писать не буду, хотя очень многое могла бы.

С тех пор как мы познакомились в эвакуации в Ташкенте, каждую возможную минуту старались быть вместе, чем вызывали бешеную ревность ее поклонниц.

И когда она уехала в Ленинград, я, бывая на «Ленфильме», старалась обязательно с ней встречаться каждый день. Это дружба душевная и духовная.

Это наше, сокровенное, потому писать не буду.

Трудно говорить о Качалове. Василий Иванович для меня такой образец, что если писать, то одни восклицательные знаки получатся.

Красивый, безумно талантливый, порядочный, строгий к себе и очень добрый к людям... Столько всего хорошего можно сказать.

Обязательно напишу.

Об Ирине Вульф обязательно нужно рассказать. У нее много талантливых работ. К тому же мы столько лет были рядом, столько друг о дружке знали, но Ирочка исключительно порядочный человек, никогда и никому обо мне не рассказывала. А ведь немало пакостников с удовольствием разнесли бы пикантные сплетни обо мне.

Обязательно подробней рассказать о замечательной паре — Алиса Коонен и Александр Таиров.

О Сергее Юрском. Кто еще мог вот так понимать и терпеть меня?

Об Анатолии Эфросе подробно. Вспомнить репетиции, то, как обсуждали роли. Он талантливо репетирует, очень талантливо. Не каждому режиссеру дано.

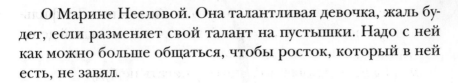

О Марине Нееловой. Она талантливая девочка, жаль будет, если разменяет свой талант на пустышки. Надо с ней как можно больше общаться, чтобы росток, который в ней есть, не завял.

О Ростиславе Яновиче Плятте. Гениальный! Талантище! Вот кто не боится тратить душу. Побольше бы таких, глядишь, и театр выжил бы...

О Михоэлсе и его страшной гибели...

О Ниночке Сухоцкой, моей палочке-выручалочке и доброй советчице...

Боже мой, я только перечислить попыталась, и далеко не всех, с кем была знакома и о ком стоило бы написать, а получилось так много страниц!

Что будет, если все это напишу?

Сколько же мне жить придется? Может, посадить того же Глеба да надиктовать?

Нет, увлекусь, получится не то. Вот пишу же, и даже вполне сносно. А потом пусть обработают...

Удивительно, вокруг меня столько замечательных, умных, талантливых людей, а я одинока. Как это получилось? Может, я сама виновата? Наверное, но сделанного не вернешь. Рядом только Мальчик, который без меня никуда...

БАЙКИ

В Москве на Остоженке вдруг вижу едущего в коляске Станиславского! Я еще даже не начинающая актриса, а только мечтающая начать.

Станиславский!..

Изнутри невольно рвется крик:

— Мальчик мой дорогой!

Станиславский хохочет от души, потому что он старше и назвать мальчиком театрального мэтра могла только такая экзальтированная девица, как я, и со всей дури.

Не знаю, почему мальчик. Просто всех особей мужеского пола, которые мне приходятся к душе, норовлю назвать мальчиками, от Станиславского до приблудного щенка. Собаку тоже назвала Мальчиком. Но если бы Станиславский увидел человечьи глаза этого Мальчика, он не обиделся бы на мой тогдашний крик.

Каких только глупых вопросов не задают журналисты!

— Фаина Георгиевна, кем была ваша мать до замужества?

— У меня не было матери до ее замужества.

206

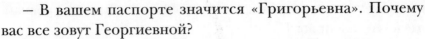

— В вашем паспорте значится «Григорьевна». Почему вас все зовут Георгиевной?

Идиот, откуда же я знаю? Ведь это не я зову. Но выражать свои мысли открыто нельзя, потому шучу:

— Льстят.

— ?

— Гришка — Отрепьев, а Георгий — Победоносец!

— А фамилию Раневская вы в честь чеховской героини взяли?

— Нет, я взяла Ранявская, это в документах спутали.

— Почему?

— Почему спутали? Потому что неграмотные.

— Нет, почему Ранявская?

— Потому что все роняла.

Каков вопрос — таков ответ, как говорится.

Лидию Смирнову (помните такую красотку?) идеально умел снимать ее муж Володя Раппопорт. Он гениальный оператор, он даже меня в «Фитиле» снял так, что я вышла весьма ничего себе, вовсе не фрекен Бокк.

Фильмы у Раппопорта и Смирновой были всякие, в том числе полное г...но, вроде «Нового дома». И все равно Лида в нем красавица. Зло взяло, встретила ее возле дома, не смогла сдержаться, чтобы не сказать гадость:

— Лида, вчера видела фильм с актрисой-красоткой. Ваша однофамилица Смирнова. Не знаете, кто это?

Бедная Лида даже побледнела, впору валерьянкой отпаивать. Неужели ее можно не узнать в кадре?! Пришлось успокоить:

— Ну-ка, повернитесь. А теперь спиной. Лидочка, сознайтесь, это были вы?!

Та мямлит:

— Я, конечно, Фаина... Неужели я так плохо выгляжу?

— Нет, наоборот! Если на экране красотка, то в жизни Венера Милосская, только с руками.

Виктор Розов очень гордился тем, что его пьесы имеют такой успех у зрителей.

Терпеть не могу хвастунов.

Как-то раз Розов сокрушенно вздыхает:

— Как жаль, Фаина Георгиевна, что вы вчера не были на премьере моей новой пьесы!

Дождался бы уж, пока сама поинтересуюсь, как прошла премьера. Он не интересуется, потому и я молчу. Он снова заводит:

— Знаете, люди у касс устроили настоящее побоище!

Напросился.

— Ну и как, им удалось вернуть обратно деньги за билеты?

Больше передо мной не хвастает.

Провинция, крошечный театрик, куда зрители заглядывают только нечаянно или с перепою. Либо когда приезжают столичные знаменитости.

Двое местных жителей стоят перед афишей, один с осуждением говорит другому:

— Глянь, как оборзели эти столичные. Через два часа спектакль, а они до сих пор не решили, что будут играть!

На афише значится: «Безумный день, или Женитьба Фигаро».

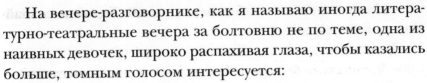

На вечере-разговорнике, как я называю иногда литературно-театральные вечера за болтовню не по теме, одна из наивных девочек, широко распахивая глаза, чтобы казались больше, томным голосом интересуется:

— Фаина Георгиевна, что такое любовь?

Девочка будущая актриса, ей бы спрашивать о ролях, спектаклях... Но вот, поди ж ты, любовь...

Смотрю на нее, пытаясь придумать, что ответить, чтобы не обидеть. Потом пожимаю плечами:

— Забыла, уж простите старуху...

Зал подхихикивает не столько надо мной, сколько над девчонкой, надо срочно отвлекать внимание.

— Но помню, что что-то очень приятное, деточка...

Теперь смеются над моим ответом, а не над ее вопросом.

Хрущевская оттепель, кажется, что можно почти все, во всяком случае, говорить многое. Разговор о том, что вот-вот падет железный занавес и, возможно, откроют свободный выезд из страны.

У меня интересуются:

— Фаина Георгиевна, а что бы вы сделали, если бы открыли границы?

— Спешно влезла на дерево.

— Почему?

— Затопчут!

Границы не открыли, залезать не пришлось. А оттепель и в погоде понятие краткосрочное. Если в нашей стране тепло несколько месяцев длится, то оттепель и того короче.

Бывали шутки, за которые можно было уехать далеко. Но меня бог миловал.

Прием в Кремле. Сам Хозяин соизволил снизойти до беседы, а у меня, как на грех, что-то болело, настроение мрачное. Хозяин ждал-ждал шутки с моей стороны, не дождался, решил подать пример:

— Вас, товарищ Раневская, и самому большому глупцу в мире не рассмешить.

— А вы попробуйте.

Стало слышно, как звенит в ухе и стучат зубы у кого-то из чинов. Что полагалось после такого ответа?

Ничего не случилось. Почему — не знаю, может, не дошло?

Дружбой с властью нужно уметь пользоваться. Я не умела, наоборот, меня до власти допускать опасно, ляпну еще что не то.

Вот Александров умел.

На приеме в Кремле Сталин, разыгрывая заботливого отца, стал интересоваться у кинематографистов, что они бы хотели получить уже завтра лично для себя.

Один жалуется на тесноту и получает квартиру.

Второй на нехватку свежего воздуха и спокойствия для работы, получает дачу.

Третий на проблемы с транспортом, ему обещана машина.

Доходит очередь до Александрова. Григорий Васильевич скромно просит у Сталина его книгу «Вопросы ленинизма» с автографом.

Получает книгу, квартира, машина и дача идут в придачу.

В санатории рядом невыносимо занудный засрака (заслуженный работник культуры), все не по нему, все не так.

— Суп невкусный, котлеты плохо прожарены, компот несладкий... А вот это что, разве это яйца, смех один! Вот у моей мамочки, я помню, были яйца!

Не выдерживаю:

— А вы не путаете ее с папочкой?

Ляпнула, а человеку пришлось уехать, потому что по санаторию разнеслось:

— Вон идет тот, у кого мамочка с яйцами.

— Вы по-прежнему молоды и прекрасно выглядите!

В ответ на мою такую откровенную лесть должна бы последовать лесть ответная, но дама решает играть в правдивость:

— К сожалению, Фаина Георгиевна, не могу ответить вам тем же.

Напросилась.

— А вы бы, милочка, соврали, как я!

Как это ужасно — встретить свою первую любовь через много-много лет!

Мы с трудом смогли скрыть свое неприятное удивление и старательно делали вид, что никогда раньше не были знакомы. Так старательно, что сами поверили. Полегчало, он мне стал казаться вполне симпатичным старичком. Но стоило вспомнить, что я знала его в молодости, как все очарование снова пропало.

БЫТОВОЙ КРЕТИНИЗМ

Кретины и кретинки бывают разными. Я вот бытовая и этого не скрываю.

Скрывать просто невозможно, все равно эта неспособность организовать свой быт видна с первого взгляда, лезет из всех щелей.

И дело не в том, что не у кого и негде было учиться, дело в моей профессиональной непригодности к быту.

В семье Фельдманов я бытовыми вопросами не интересовалась, для этого был штат прислуги, бонны, няньки, горничные и даже дворник. Пока жила одна в Москве, а потом в Ростове, быта как такового просто не было. Для актеров, у которых каждый следующий сезон в новом городе, налаженный быт вообще едва ли возможен.

У Павлы Леонтьевны была добрая фея Тата, которая занималась Ирой и бытом, мы за ней жили как за каменной стеной, всегда знали, что будем накормлены и обстираны.

212

Когда стала жить отдельно, приглашала домработниц. Это кошмар, мне не жалко ничего, все берите, но только сделайте так, чтобы я ни о чем не думала, чтобы как при Тате: все в порядке и вовремя. Не получалось, ни одна не оказалась заинтересована в порядке в моей жизни, все норовили что-то выгадать.

Я не умею думать о быте, не умею следить, чтобы были продукты в холодильнике и запасы в шкафах. Мне немного нужно, совсем немного, но я не могу сама ходить по магазинам. Не потому, что ленюсь или считаю это недостойным. Для меня даже поход за папиросами превращается в мучение. Узнают, кричат «Мулю», вместо того, чтобы, нормально отстояв в очереди, нормально купить что-то, я вынуждена спасаться бегством.

Это не только моя беда — многих. Люди не могут понять, что актеры тоже люди, им нужно кушать, покупать одежду, белье, туалетную бумагу...

Я хочу, чтобы меня узнавали на сцене, любили в ролях, а не на улице с криком «Муля, не нервируй меня!».

Зуб выдернуть — проблема, в химчистку зайти тоже, позвать водопроводчика или электрика целая история, при этом никого не уговоришь подработать уборкой в квартире.

Меня много раз спрашивали, почему не вышла замуж.

Те, кого любила я, либо не любили меня, либо были уже заняты, либо не могли жениться на мне. Те, кому нравилась я сама, не устраивали меня.

Но я не представляю себя замужем за кем бы то ни было. Я не могу организовать собственную жизнь, как я бы делала

это для другого? Разве только муж все взял на себя? Такие мужья бывают?

Нет, наверное, просто не было настоящей, всепоглощающей любви, которая заставила бы научиться печь пироги и ругаться с домработницей.

Театр — это все, потому нужно сначала выбрать, что тебе дороже — все или театр.

Я выбрала давным-давно, уйдя из семьи. Потом обрела семью театральную в полном смысле слова — и маму в лице Павлы Леонтьевны, и театр, как единственный дом.

В этом доме и осталась на десятилетия. Другого не дано, да и не хочу.

Зачем пишу? Ведь все равно никому не покажу, никому. Разве можно писать воспоминания? Нельзя, это нескромно, глупо. Хвалить себя — некрасиво, ругать уже надоело.

Но я пишу...

В этом есть своя прелесть. Вспоминаю жизнь и начинаю понимать, что она:

а) прожита не так уж глупо, как всегда казалось, чему-то я в жизни все же научилась, хотя бы тому, что жить хорошо, а не жить куда хуже;

б) слишком коротка, даже если живешь долго. Это надо кому-нибудь сказать, чтобы запомнили;

в) была полна встреч с совершенно замечательными людьми, о которых и стоит написать вместо вот этой чепухи, которую я тут разводила на многие страницы;

г) так ничему меня и не научила, потому что невозможно научиться, живя. Либо жить, либо учиться. Я выбрала

первое, на второе просто не оставалось времени. И желания.

Вот на «г» и остановимся, потому что «г» самая моя буква.

Решено: начинаю писать воспоминания не о себе (пусть уж помнят по крепким выражениям и нелепым случаям, лишь бы вообще помнили), а о других. Только вот о Пушкине и об Анне Андреевне все равно писать не буду.

Только ведь не удержусь, снова наговорю гадостей о Завадском, о Верке Марецкой, много о ком...

Может, лучше вообще не писать?

А чем тогда заниматься? Книги, что есть, знаю наизусть. Ролей больше нет. Заходит проведать Ниночка Сухоцкая, забегают остальные. Остались Мальчик и болячки.

Черт его знает, неужели вот эта псина и одиночество и есть результат моей жизни?

Меткие выражения Фаины Раневской

Бывают перпетум-мобиле, а Завадский перпетум-кобеле.

Женщин можно поздравить — добились полного с мужчинами равноправия и теперь ничем их не лучше.

Когда мне весело и хорошо — хочется жить. Когда тяжело и плохо — умереть. Хоть завтра.

Старость человеку нужна для искупления грехов молодости. Некоторым не хватает времени, другие не умеют...

Талантливо говорить на сцене трудно, но куда трудней талантливо молчать.

Сколько бы человек ни совершил умного, стоит сказать или сделать одну глупость, и запомнят именно ее.

Самые бездарные подают больше всего великих надежд.

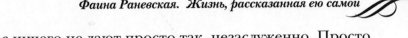

У нас ничего не дают просто так, незаслуженно. Просто так, незаслуженно у нас только отнимают.

Дурным поступкам невольно предшествуют дурные мысли. То-то я смотрю, так много безмозглых! Плохо поступать не хочется, хорошо думать не могут, предпочитая не думать вообще.

Не столь важно получить помощь, сколько знать, что ты ее получишь.

Если бы зависть пачкала не только душу, но и платье, химчисток было бы куда больше, чем булочных.

Чтобы не видеть глупую физиономию, достаточно просто отвернуться от зеркала.

Мы неправильно живем: жалеем о том, что было, или ужасаемся тому, что будет. А настоящее в это время проносится мимо со скоростью курьерского поезда.

Людей можно поделить на тех, кто торопится жить и умирает быстро даже в столетнем возрасте, и тех, кто умирает медленно с самого рождения. Это очень тяжело — умирать всю жизнь. Таких полутрупов вокруг полным-полно. Но жизнь они изображают вполне достоверно...

Завадский хуже, чем думает о себе он сам, но, возможно, лучше, чем думаю о нем я.

Хитрый всегда поймет, как выпутаться из любой проблемы, умный знает, как в нее не угодить.

Люди, вы не одиноки в своем одиночестве! Проблема в том, что даже объединение в общество одиноким не поможет.

Завадский любит, когда говорят правду в глаза, как бы она ни была льстива!

Иногда корабль перестает тонуть, как только с него сбегут крысы, бывшие перегрузом.

Лучший способ польстить человеку — сказать то, что думает о себе он сам. Завадскому надо рассказывать или расспрашивать о постаменте его будущего памятника.

Если пьеса удалась — Завадский гений. Если провалилась — актеры и публика дураки.

Проще всего черпать жизненный опыт из самой жизни. Правда, обходится это дороже, слишком много синяков.

Умных людей с каждым днем все больше, откуда же тогда столько дураков?

Такт — умение делать вид, что не замечаешь чужих ошибок и недостатков. Я этим не отличаюсь, мало того, что замечаю, так еще и боюсь, что остальные не рискнут сказать прямо. Высказываю то, что другие только думают, и считаюсь нетактичной особой. Плевать.

У нас многие считают, что они оригинальны. Таких оригинальных — половина мира, вторая об этом просто не задумывается.

218

Мне денег всегда достаточно, особенно если их ни на что не тратить...

Если женщины не способны или не хотят сопротивляться красивому мужчине, они называют такого соблазнителем.

Хорошо смеется тот, кто смеется последним? Не уверена, может, это смех из-за того, что плохо доходит?

Нельзя нравиться всем — разорвут на части.

Я зря сказала, что для «Гертруды» (Героя труда) мне нужно сыграть Чапаева. За Чапаева мне могут дать только медаль «За спасение утопающих», если вопреки всему выплыву в кадре.

У Пушкина были только гусиные перья, у нынешних бумагомарателей есть личные секретарши с пишущими машинками, а результат?

Удивительная метаморфоза происходит с актрисами при сборе труппы в театре. В театр входят пушистые кошечки или красивые тигрицы, в зале все становятся гремучими змеями...

Сколько бы Завадский ни кудахтал, яичницы все равно не будет.

Умирать не страшно, если вы не собираетесь делать этого сегодня.

Если с энтузиазмом обещать совершенно невозможное, люди поверят и потом ни в чем не упрекнут. Возможное обещать гораздо опасней — могут спросить, почему не выполнил.

Обещая рай на земле, не ошибитесь в сроке исполнения обещания, он должен быть заведомо длиннее вашей жизни. Лучше на всякий случай накинуть несколько десятков лет...

То, что наступила старость, определить легко. Сначала ты думаешь, что счастье впереди, а потом начинаешь считать, что уже позади...

Женщины зря скрывают свой возраст, из подозрений во лжи им часто дают больше, чем есть на самом деле.

Женщина, не опоздавшая на свидание, подозрительна. А вдруг она так спешит на следующее?

Мы постоянно обделены: прекрасного прошлого уже не вернуть, прекрасное будущее еще не наступило, остается жить в этом говенном настоящем.

Люди отдают Богу душу, чтобы она попала в ад?

Удивительно: если тебе чего-то не нужно, оно у тебя непременно есть, а если нужно, то именно этого и не хватает.

Деньги распределены неправильно — у себя вечно не хватает, а у других лишние.

Раньше писатели писали книги для читателей, сейчас все больше для библиотек. Раньше для чтения, сейчас для известности и наград.

Карьера и подлость слишком часто оказываются сиамскими близнецами.

Лучше зависть во время похорон, чем жалость при жизни.

Сколько людей, способных фантазировать только на тему прекрасного будущего!

Две головы не всегда лучше одной, что, если две глупые против одной умной?

Меня ругают за непунктуальность, постоянные опоздания на сбор труппы или репетиции. Зря, ведь любое постоянство уже само по себе пунктуальность.

Старость — это когда светлым начинает казаться уже не будущее, а прошлое.

Как хорошо, что мы не знаем, что с нами случится завтра, не то большинство схватилось бы за веревку уже сегодня.

Как часто в ответ на длинные речи хочется сказать: «Сам дурак!»

Женщины не верят мужчинам вообще, но верят комплиментам, которые те произносят. Правда, только в свой адрес.

Хотите поссориться с женой или избавиться от нее? Начните хвалить ее подругу или свою бывшую жену.

Мне нельзя умирать. Я так привыкла жить, что решительно не знаю, что буду делать после смерти!

СОДЕРЖАНИЕ

Литературно-художественное издание
УНИКАЛЬНАЯ БИОГРАФИЯ ЖЕНЩИНЫ-ЭПОХИ

ФАИНА РАНЕВСКАЯ. ЖИЗНЬ, РАССКАЗАННАЯ ЕЮ САМОЙ

Ответственный редактор *Л. Незвинская*
Технический редактор *В. Кулагина*

Фотография на обложке: Юрий Сомов / РИА Новости

Во внутреннем оформлении использованы фотографии:
Александр Гладштейн, Михаил Озерский, Борис Рябинин, Юрий Сомов,
Георгий Петрусов, Валерий Христофоров / РИА Новости;
Валерий Христофоров / Фото ИТАР-ТАСС;
Архивный фонд «Фото ИТАР-ТАСС»;
Кадр из фильма «Сегодня — новый аттракцион», реж. Н.Кошеверова, А. Дудко,
к/с «Ленфильм», 1965 г.: Legion-Media;
Кадр из фильма «Слон и веревочка», реж. И. Фрэз, к/с «Союздетфильм»,
1945 г.: Legion-Media;
Кадр из фильма «Осторожно, бабушка!», реж. Н. Кошеверова,
к/с «Ленфильм», 1960 г.: East News;
Кадр из фильма «Мечта», реж. М. Ромм © Киноконцерн «Мосфильм», 1941 год
(восстановлен в 1972 году)

ООО «Яуза-пресс».
109439, Москва, Волгоградский пр-т, д. 120, корп. 2.
Тел.: (495) 745-58-23, факс: 411-68-86-2253.

Сведения о подтверждении соответствия издания согласно законодательству РФ
о техническом регулировании можно получить по адресу: http://eksmo.ru/certification/

Подписано в печать 24.01.2013. Формат 70×90 $^1/_{16}$.
Гарнитура «Baskerville». Печать офсетная. Усл. печ. л. 16,33.
Тираж 10 000 экз. Заказ 746.

Отпечатано с готовых файлов заказчика
в ОАО «Первая Образцовая типография»,
филиал «УЛЬЯНОВСКИЙ ДОМ ПЕЧАТИ»
432980, г. Ульяновск, ул. Гончарова, 14

ISBN 978-5-9955-0519-8